为什么是他坐天下

黄袍定律

宋燕 著

九州出版社
JIUZHOUPRESS

图书在版编目（CIP）数据

黄袍定律：为什么是他坐天下 / 宋燕著. --
北京：九州出版社，2015.1
ISBN 978-7-5108-3391-5

Ⅰ. ①黄… Ⅱ. ①宋… Ⅲ. ①中国历史—研究—隋唐
时代 Ⅳ. ① K240.7

中国版本图书馆 CIP 数据核字 (2014) 第 288934 号

黄袍定律：为什么是他坐天下

作　　者　宋燕　著
出版发行　九州出版社
出 版 人　黄宪华
地　　址　北京市西城区阜外大街甲 35 号（100037）
发行电话　(010) 68992190/3/5/6
网　　址　www.jiuzhoupress.com
电子信箱　jiuzhou@jiuzhoupress.com
印　　刷　北京毅峰迅捷印刷有限公司
开　　本　710 毫米 ×1000 毫米　32 开
印　　张　9.5　插图 21 幅
字　　数　244 千字
版　　次　2015 年 4 月第 1 版
印　　次　2015 年 4 月第 1 次印刷
书　　号　ISBN 978-7-5108-3391-5
定　　价　36.00 元

目 录

第七章 从镇压者到颠覆者没有距离

第八章 端了自己的江山

第九章　严防死守的对象

第十章　趁乱投机者们

第十一章　盗贼还是豪侠

第十二章　政治的胜利

第十三章　为什么是他坐天下

第十四章　人人都是仇敌

重要事件时间表

参考资料

前　　言

中国的王朝末代是个不断重复演出的老戏，隔几百年就来一次，桥段都差不多。无非是官逼民反，遍地烽烟；然后野心家夺权，军阀混战，生灵涂炭；然后王师出现，拨乱反正，收复河山；最后新朝代成立，万象更新，其实一切照旧，只看能维持多久。

一切照旧的原因，当然是新朝代换了汤，却并没有换药。秦始皇的先进制度沿用了两千年，秦始皇朝代的死法当然也一样沿袭。多少个朝代过去，从盛到衰从衰到亡的套路，几乎就是重复。而历朝末代时涌现出来的颠覆者，也都差不多。

要探讨王朝末代涌现出来的颠覆者最终成败的过程，没有比隋更合适的了。第一是因为它国祚短，就两届领导人，不存在积重难返的问题；第二是因为它还没来得及出现外戚权臣宦官干政等扰乱局面的因素，它统治的兴衰比较简单；第三是因为它不存在外敌入侵的情况，麻烦都是内部统治造成的；第四是因为颠覆它政权的各种力量中，比较集中地出现了历代王朝末局中最经常出现的势力；第五是因为它处在两千年封建专制制度发展比较中间的部分，足够成熟又没过于腐烂。这一切因素使它成为一个理想的研究对象，就好像是真空中的物理实验一样，可以排除掉与主体无关的因素，直接去观察本质。

当然，它也并非特别理想。中国两千年，朝代只有那么多，选择只是在一个两位数中（连割据王朝都算上）选一个相对合适的而已。对它的观察也没有那么精确。笔者对于各种势力的共性的分析，只是尽力窥豹，尽力联系，但每个人在历史舞台上登场的时候，都并非怀着代表的想法，而只是为个人命运而努力，他们的经历也必然会受其性格影响而呈现出许多个人化的、他人无法复制的部分。

历史就是这样，被必然性和偶然性共同左右，而呈现出方向一致、路线不同的轨迹。

第一章　王朝更替的循环

暴民不是中国所特有的，但暴民在中国历史上特别容易出现，没有哪个朝代末期不出现占山为王落草为寇的强盗的，没有哪次的强盗不对社会进行大肆破坏的。许多知识分子感慨于暴民们的知识太低情怀太浅，无建设之心只有破坏之力。但设身处地地去分析一下就会知道，“暴”实在是百姓参与政治的唯一一条路，除此之外的，都被堵死了。

一、根子就在上头

东汉末年，政治昏聩，贪官污吏遍地，民愤汹涌，叛乱纷起。有社会责任心的大臣和知识分子不断批评诤谏，希望国家能够行动起来，拿出切实有效的措施改善这种局面。于是，在汉顺帝和汉灵帝执政期间，分别搞过两次轰轰烈烈的反贪污运动。

汉顺帝汉安元年（142 年），鉴于民间对贪污腐败的愤慨，政府命侍中杜乔，光禄大夫周举，守光禄大夫周栩、冯羡、栾巴、张纲、郭遵、刘班——都是中央高官，分别到各州郡视察，褒扬贤能，推举忠良，查处贪污枉法者，对州、郡长级贪污者，准用驿马车送弹劾奏章到朝廷，对县长以下级别贪污者，可以直接逮捕审判。

各位钦差接到命令后就分别出发执行任务去了，只有其中最年

许多知识分子感慨于暴民们的知识太低情怀太浅，无建设之心只有破坏之力。但设身处地地去分析一下就会知道，在封建王朝，“暴”实在是百姓参与政治的唯一一条路，除此之外的，都被堵死了。

轻的张纲没有去。他只走到近郊洛阳都亭，就不能容忍自己去执行这项掩耳盗铃的行动。他把车轮卸掉埋在地下，愤然宣称：“豺狼当道，安问狐狸！”随即拟奏章，先弹劾太尉桓焉、司徒刘寿——都是总理级的干部——“尸位素餐，不堪其职”，也就是渎职；又揭露司隶校尉赵峻、河南尹梁不疑、汝南太守梁乾等贪赃枉法、违法乱纪，并用槛车将他们送交廷尉治罪；还指控鲁相寇仪有犯罪行为，寇仪随后畏罪自杀。

这还没算完，他的目标还有更大的。他随即上书，历数当朝国舅、权势熏天的大将军梁冀十五条罪状，京城为之震动。

张纲的主要观点就是“问题出在前三排”，这一点确实是问题的核心。当时梁冀一手遮天，上上下下都是他的人，没有他的首肯当不上官，没有他的庇护也不敢贪污腐败。派出钦差，不拔根本，只抓一些蚂蚁，能有多大作用？那些钦差也都知道这一点，只是既不敢说，又觉得说了也没用，不如下基层配合中央走走过场算了。

遗憾的是，虽然汉顺帝知道张纲说的是对的，但他从“讲政治”的角度考虑，却没有采纳，反而安抚梁冀，任他继续控制朝廷。后来梁冀是因为政治斗争的原因才被铲除的。他垮台后，他活跃在各个政坛的亲属门客被斩杀流放一空。但马上，新的势力起来，情况还是一样。

百姓不仅没有权力，甚至没有代表——嗯，实际上不完全是没有，他们是“被”代表的。任何一个“父母官”，任何一个野心家，都可以拿百姓说事，“为天下百姓计”。

过了些年，百姓生活更加困苦，民怨比原来更大了。到汉灵帝光和五年（182年），皇帝又搞了一次反腐败运动，他下诏令三公九卿收集人民舆论，检举恶名昭彰的州长、郡长。

当时正是宦官当权，十几名权倾朝野的宦官们，子弟宾客散布全国，但凡稍微有油水的差事，都被这些人把持，没点根基的几乎不可能当官。打狗还要看主人，这些官们，三公是不敢惹的。但皇命也要交差。太尉许馘、司空张济，经过一番权衡，费了好大劲，从偏远地区挑选了二十几个没有靠山的官员，对他们提出了弹劾。

二十多个“恶名昭彰”的官员被送到首都，上访的州郡百姓也跟来了。这二十几人虽不一定是什么清官廉吏，但看跟谁比，跟那些投靠党比起来，这些人就算相当不错的官了。真正的恶棍都没抓，竟然抓了这些人，难怪百姓会为他们叫屈。

百姓的申诉阻止了一场冤案的发生，而为了补救帝国的声誉，这些被免职的官员都被任命当议郎，留在首都供事。但这场反腐败运动，就这么草草收场了。

为什么决心甚大的反腐败运动没法有成效？根子当然就在上头！腐败官员是谁任命的？庇护腐败官员的权臣是谁任命的？谁会革自己的命呢？！梁冀后来是被法办了，但那是因为他权高震主，危及到了上层，终于引起了皇帝的猜忌。而在这之前，正是皇帝的不断支持和封赏，给了他无限的权力，可以随心所欲地提拔人、压制人，甚至处死人，使得朝廷官员们纷纷向他效忠。而那十几个权倾朝野的宦官，也都是有皇帝在背后撑腰，因此被人无数次弹劾仍屹立不倒，反而害死了弹劾他们的人。

汉顺帝和汉灵帝当然知道梁冀与权宦是怎么回事，却不愿意制裁他们。这个“不愿意”比较要命，因为皇帝是一个帝国当中唯一有权力的人，无论臣民，还是军队，都是要向他效忠、以他为核心的，不存在其他任何可以相抗衡的势力（军阀割据情况除外，这种情况后面再说）。百官是他行使权力的代理人，使用的是他让渡过去的权力。他让渡多少，完全凭他个人的意愿。这也就可以解释为什么很多时候低职位的官员，却有着更高的权力，甚至没有职位的太监，却可以掌握生杀大权。百姓不仅没有权力，甚至没有代表——嗯，实际上不是完全没有，他们也只是“被”代表了。任何一个“父母官”，任何一个野心家，都可以拿百姓说事——“为天下百姓计”。至于百姓究竟怎么想，通通由官员们来解释，于是就会经常出现两个意见完全不同的官员在辩论——都声称自己代表了百姓意愿。当然也存在这样的时候——皇帝失去了权力，成了摆设，但那时候也还是有个代理皇帝，只不过权力集中向了另一个核心而已，仍然没有被分割。

人民不是没有方法“震慑”当权者，他们的方法除了找代表者哭诉外，还有就是“动乱”。当人们被压榨到底的时候，总是会有脾气暴的一小撮铤而走险，“聚众作乱”。

由于全国上下只有一个权力核心，那么是否真想好好行使权力，就完全看这个核心的个人意愿和个人能力了。当这个权力核心不想好好行使的时候，或者他声称自己想干却没有真干的时候，悲剧就发生了——这就是自秦始皇以来不断发生的、各种戏曲里不断演绎的“昏君误国”“暴君误国”的老段子。

二、暴民都是逼出来的

人民并不是没有方法“震慑”当权者，他们的方法除了找代表者哭诉外，还有就是“动乱”。当人们被压榨到底的时候，总是会有脾气暴的一小撮儿人铤而走险，“聚众作乱”。历朝历代，除了政治特别清明的时候，都会有这样的局部地区。各代当权者对付这样的情况一般都是胡萝卜加大棒：先是镇压，平定之后，政策不妥的改政策，官吏不称职的换官吏，这样危机都会解决——毕竟只有朝廷才有唯一强大的武装力量，一般小民是难以抗衡的——不会发展成亡国灭族的大危机。

但是，这也取决于权力核心的个人意愿。当权力核心不肯承认有危机发生时，人民群众这唯一的发声方式，也就无用了。

王莽的新朝即将灭亡的时候，民变蜂起，除了首都，几乎遍地是变民军，地方政府已对局势失去控制。而当王莽派出查案的大司马回到首都，向王莽汇报真实的所见所闻时，王莽却大为光火，将他逮捕下狱，说他“欺骗政府”。当地方官员上报称变民是因饥寒交迫被逼上梁山时，王莽却下诏说：“因为贫困饥寒犯法为非的，大者当强盗，小者当小偷，不外这两条路。而今乃结谋连党以千百数，是明显的谋反作乱，怎么能扯上饥寒！你们这些官员必须加强逮捕和消灭盗贼，如果有不同心并力，而仍胡说什么饥寒所迫的，立刻抓捕定罪！”当最高权力这样定了调子后，再没人敢反应民变实情，也就没办法采取真正有效的措施了。

隋朝末年的时候，全国各处都是“盗匪”，镇压了一群又起一群，局势渐渐失控。但当杨广询问纳言苏威时，苏威躲避不过告诉他实情：“最近以来，各地奏报的盗贼的事情，都不真实，遂使中央不能做正确判断，因之也不能早日平定。”“东征不必征调军队，只要赦免天下强盗，就会有数十万大军。”这些话委婉地告诉了杨广变民的人数，而杨广听了却大不高兴，跟别人说，“这老东西用盗贼多威胁我，我早就想打他的嘴，只是暂时忍忍”。杨广想去东都看新龙舟，将军赵才劝他：“现在盗贼蜂起，政令已不能推行”。杨广就将他逮捕，过了十几天才释放。而当奉信郎崔民象上书告知变民遍地时，杨广干脆用刀砍碎了他的面颊，然后将其斩首。

在民众与统治者之间，统治者处在毫无疑问的强势地位，任何一点让步都能换来几倍于付出的稳定。因此当统治者拒绝让步，封死了与民众对话的所有渠道时，民众就不再有其他的选择了——只有“造反”。

在民众与统治者之间，统治者处在毫无疑问的强势地位，任何一点让步都能换来几倍于付出的稳定，而且也只有统治者有能力决定双方的关系。因此当统治者拒绝让步，封死了与民众对话的所有渠道时，民众就不再有其他的选择了——只有“造反”。

三、起义军并不都是“仁义之师”

在传统的历史观中，所有的农民起义军都是进步的革命者，是大地主阶级的掘墓人，是劳苦大众的代表和拯救者，是受压迫农民的“仁义之师”。事实上，从斑斑史迹上看，有些起义军，并不像我们想像的那么好。

无论是从思想教育来看，还是在利益计算上，中国农民都是不容易生出造反之心的。思想教育方面，自汉以降，中国普通农民所受的思想教育是儒家思想，后来加上释、道思想，而文化教育几乎没有。这三种思想都训练出了农民温顺忍耐的品德。利益计算方面呢，农民没有武器，不能成组织，中央政府的管理直插到五户一组、十户一组的基层，而且是自上而下单向的，这使得农民们不可能拥有抗衡官府的能力，也因此断了提意见的想法。

在天下尚未大乱的时候，农民走上造反的道路，要么是为报私仇，要么是不反即死，反了倒不一定死。前者如西汉时的吕母，报杀子之仇而反；后者如陈胜吴广，误了集合期限，不反会被处死，还有很多变民是因快要饿死而反的。大乱之后再反就简单了，反正社会秩序已经不存在了，不反是鱼肉，反了还可能当刀俎，利害计算已经变得简单多了。

由于上述这些原因起义的农民，往往没有什么更高的追求和长远的打算，只要报了仇和活下去即可。

不仅是追求太低的问题，一些农民起义军的眼界、素质也比较成问题。集权者需要代理人，除了官二代以外，他们也保留了一条从民众中选择代理人的道路。隋以前是“举孝廉”，隋以后是科举，这也是普通农民唯一的出头机会，而一旦出头，进入统治者队伍，也就不再是农民了。但没有受过教育的农民没有这种出头机会，他们长期处于未被启蒙的状态下，没有文化没有见识，所有知识都得之于经验和口耳相传（这也是中国社会谣言特别容易盛行的原因）。所以他们只知道一种社会模式——压迫和被压迫，只知道两种上升渠道——当官和“皇帝轮流坐，明天到我家”。像绿林军起义的时候，打出的口号就是“杀人抵命，伤人赔偿”，封的最大的官是“三老”，其次是“从事”，再次是“卒史”——这是这些农民人生中听说过的最尊贵的官衔，所以他们的想象力也只到此为止。

没有受过教育的农民长期处于未被启蒙的状态下，所有知识都得之于经验和口耳相传。所以他们只知道一种社会模式——压迫和被压迫，只知道两种上升渠道——当官和“皇帝轮流坐，明天到我家”。

基于这两个因素的影响，农民起义军们表现出很多乌合之众的素质也就不奇怪了。看到社会不公，却没有足够的智慧弄清楚不公产生的真正源头，不知道如何解决或根本就没打算彻底解决不公，心中一腔愤怒就会变成“彻底砸烂旧世界”的冲动。

被当做英雄代表的东汉“绿林好汉”攻击湖北唐子乡的时候，全城不分男女老幼，全部屠杀，然后自己部队为分从百姓家抢夺来的财物火并。“我花开罢百花杀”的黄巢，其部队以人肉为军粮。全军围陈州近一年，数百巨碓，同时开工，成为供应军粮的人肉作坊，流水作业，日夜不辍。将活生生的大批乡民、俘虏，无论男女，不分老幼，悉数纳入巨舂，顷刻磨成肉糜，并称之为“捣磨寨”。陈州四周的老百姓被吃光了，就“纵兵四掠，自河南、许、汝、唐、邓、孟、郑、汴、曹、徐、兖等数十州，咸被其毒”。两进长安的第二进，派出士卒四处屠杀，号称“洗城”，长安城内鲜血流成小河。东汉赤眉军进入长安之后，本可以重整天下，然而他们却仍然以抢劫为生，将各基层政府指望恢复秩序而特地缴纳的税收贡品都给抢走，且不断对民间行凶施暴。期盼“仁义之师”的百姓只好又回到堡寨坚守，将他们当做盗匪来防范。政府举行宴会，还没有开始饮酒，由赤眉变民而变身的文武百官已打斗成一团，砍开宫门，抢夺酒肉，你杀我，我杀你。这哪里是什么“仁义之师”，完全是一群土匪。

军容严整一些的，也容易在一些关键时刻流露出本性。比如太平天国。太平天国在南京定都后，自天王洪秀全至东、北、翼三王，都建造了华丽的王府。洪秀全的天王府，周围十余里，比现存北京的明、清故宫大了一倍多，而且建筑也华丽得多。东王府则重建了三次，最后落成的王府周长七里，围墙厚三尺高二丈，绕围墙走一圈得一个小时。天王府有侍从一千六百二十一人，绝大部分都是漂亮女人。洪秀全自住进天王府后，就躲在深宫安享荣华富贵，很少出面处理政事，把自己和天国的臣民有效地隔离开来。天王府的大门上居然刻写着下列几行镏金大字："大小众臣工，到此止行踪，朝奏方准入，否则雪云中（'雪云中'，就是杀头的意思）。"还大讲排场，出行时前呼后拥，侍从成百上千。洪秀全乘坐六十四人抬大轿，东王则乘坐五十六人抬大轿。东王杨秀清每次出巡，扈从有一千多人，来不及回避的市民和官僚必须恭恭敬敬地跪在道旁，不得仰视，否则当即格杀勿论。太平天国的制度是绝对禁欲的，但高层则不受限制，他们不但不禁欲，还纵欲。洪秀全在深宫的主要工作是玩女人。每次过生日，部下就要为他献上美女六人；每年春暖花开之际，还在天京十三道城门口为他选美女。甚至干脆明文规定，"所有少妇美女俱备天王选用"。到太平军败亡时，天王有妻妾八十八人。在如此挥霍享乐的时候，他们不过才刚走完万里长征的第一步，才掌握两个省的势力范围而已。

李自成算是在长征路上走得远的，他攻进了首都北京，可以说只差了一步就能完成改朝换代的历史使命。但有没有更高政治理想的差别也就在这里——是解救天下苍生，还是只想当一把皇帝，考验的时候到了。饥民出身的新官僚在使人眼花缭乱的金银珠宝面前，几乎是一霎时就把最初起义时的精神丧失殆尽。刘宗敏、李过等高级将领竞相闯入大户人家抢夺美女珍宝；士兵没有将领约束，也干起打家劫舍的勾当。军队纪律空前败坏，才几天工夫，北京市民就对新政权极度失望，诅咒这个强盗政权早一点垮台。

农民起义军是因饥寒交迫才走上“犯法”道路的，是在统治者破坏天理的情况下自己来主持天理的。他们针对残暴统治的反抗是正义的，但动机的正义并不保证过程的正义。如果没有更高理想的支撑，正义的反抗者很容易就成为社会秩序的更大破坏者，把整个社会拉入丛林状态。

四、末世景象

囿于先天的弱点，农民起义鲜有成功的。但正如史学家们所说，农民起义的作用是“动摇了旧王朝的统治基础”，给体制中掌握权

> 动机的正义并不保证过程的正义，如果没有更高理想的支撑，正义的反抗者很容易就成为社会秩序的更大破坏者，把整个社会拉入丛林状态。

力和武装的野心家带来了机会，也给其他企图破坏秩序的人减少了阻力。拥有武装力量和权力机构的朝廷本来是唯一强大的力量，他们维持着一个国家的正常秩序，也维护着本朝廷的统治地位。但当民变蜂起，民众们形成一个又一个有组织的小股武装力量时，朝廷疲于奔命去平定，它的力量，它维持秩序的能力就会被削弱。于是，各种反抗的力量，不管是正义的，还是非正义的，都开始冒头。农民起义，便成了开启潘多拉魔盒的那把钥匙。

黄巾起义和西羌民众叛乱，使董卓坐大，他带兵进入洛阳挟持皇帝，控制政府。见到洛阳城中富足，贵族府第连绵，家家殷实，金帛财产无数，他便放纵手下士兵，实行所谓“收牢”运动，到处杀人放火，奸淫妇女，劫掠物资。为了防止官员和人民逃回故都，董卓临走将整个洛阳城以及附近二百里内的宫殿、宗庙、府库等大批建筑物全部放火烧毁，然后“迁都”长安。昔日兴盛繁华的洛阳城，瞬时之间变成一片废墟。此后，以袁绍为总盟主的各路势力先是讨伐董卓，然后互相攻伐，天下陷入近百年的战乱时代。

唐末的黄巢起义，使藩镇势力壮大，军阀割据，宣武、河东、凤翔、淮南等几大兵团连年互相征讨，战争频发，造成很多地方百姓流离失所，赤地千里。这种局面持续了七十多年，号称中国历史上的五代十国时期。

国家是什么？国家不仅如马克思所说，是“一个阶级用来镇压另一个阶级的有组织形式的暴力”，它还是维护秩序的工具，有着保护国家免受其他国家的侵犯，保护国内每一个人免受他人的侵犯与压迫，管理公共事务的职能。当国家失去控制力的时候，这三个职能也就都行使不了了。

魔盒一旦被开启，进入的就是一个丛林社会。从此，人类世界等同于动物世界，强者生存。在一片混乱与破坏中，你有能力抢到食物和水，就活，抢不到，就死；你有能力打败别人，就有暂时的安全，甚至可以侵害别人，你打败了，就要任人蹂躏；你成为暴力团伙的一部分，可以扫荡别人，你不是，就要被扫荡。

这是真正的末世景象，中国历朝历代灭亡时都如此，史不绝书。

西汉末年赤眉军进驻长安后，将长安城内百姓财产抢劫一空，赤眉将领们满载他们掳掠的金银财宝，纵火焚烧宫殿和民居，再乘火势做最后抢劫。人民死伤逃亡，盖世繁华的长安城霎时变成废墟，不见人踪。战乱造成三辅大饥馑，人与人之间互相谋害，煮吃对方尸体，城郭全空，遍地都是被杀的或饿死的白骨。

东汉末年遍地盗贼，道路阻断，连皇帝诏书都送不出去。运输完全中断，很多州县物资匮乏，洛阳和长安这样的大都市，谷米价格涨至数万钱一石（和平时期只有十几到几十钱）。军阀在城中互

> 正如史学家们所说，农民起义的作用是“动摇了旧王朝的统治基础”，给体制中掌握权力和武装的野心家带来了机会，也给其他企图破坏秩序的人减少了阻力。

相火并，一次内斗平民被杀一万多人，尸体塞满街道。

西晋末年大乱，京师洛阳成为人间地狱，人们互相杀害吞食，全城都是饥饿的野兽。大乱中朝廷考虑迁都，仅剩的没有逃跑的数十名官员保护着皇帝司马炽从皇宫出来，走出宫城西掖门，到曾经最繁华的大道铜驼街。这条街已经荒凉如同废墟，街边散乱着饥饿的流民。流民看到这队衣着仍旧整洁的人，马上像野兽般上去抢夺，司马炽等不能前进，只好狼狈地逃回皇宫。与此同时，在关中地区，饥馑造成大部分人死亡，活下来的不到百分之一二。

唐末政府军剿灭黄巢起义军之后，被起义军和政府军轮番蹂躏的中原大地一片萧条，“洛阳四面数百里州县，皆为丘墟，汝、郑等州，比屋荡尽，人悉以纸为衣”，北自卫州（今河北省卫辉市）、滑州（河南省滑县），西到关辅（陕西省中部），东到青州（山东省青州市）、齐州（山东省济南市），南到长江、淮河以南，州镇即便有幸存的，也仅留一座空城。举目眺望，千里之遥，看不见一个人影或一缕炊烟。

在丛林状态下，每个人都是他人的地狱，因为大家不当狼就得当肉，所以无论谁都活在恐惧与战斗当中，不论强弱。这种状况有违人类渴望秩序、追求稳定的本性。

五、人民的自救

在丛林状态下，每个人都是他人的地狱，因为大家不当狼就得当肉，所以无论谁都活在恐惧与战斗当中，不论强弱。这种状况有违人类的本性。自从人类形成了社会，人们就依靠共同认可的秩序组织起来，并依靠秩序自我保护。渴望秩序，追求稳定，是社会中人的本能。

东汉末年天下大乱之后，强悍凶暴的军阀公孙瓒，面对国无宁日的局面，也生出了厌惧之心。他战斗失败退守易京，在那里环城挖掘十道壕沟，兴筑高大土丘，每个土丘都五六丈高，再在土丘上建立高楼。位于中央的土丘最高，足有十丈，作为他自己的居处。用铁做门，左右侍从警卫都被隔在门外，七岁以上的男子不准进入。公文命令都用绳子吊上堡垒，传达口信用大嗓门的侍女向外喊。公孙瓒囤积了三百万斛（汉制十升为一斗，十斗为一斛，一斛约等于现代二十升）粮食，然后就在这里避世。他说："想当年我驱逐叛变的胡人，扫荡黄巾变民，以为天下战乱可以平定。可到现在战乱才不过刚刚开始，看来我已无能为力。不如使官兵休息，等我把囤积的粮食吃完，大概天下大势，已有分晓。"

公孙瓒的想法很能代表乱世之下人们的普遍心态。他还是有自己的队伍的，那些没有队伍的，避世之心会更重。与公孙瓒同时代的幽州人田畴，率领乡人数百，向北进入徐无山区，择深山较平坦之地，躬耕自养。数年之间，山外百姓来归者达五千余家，自成一新移民垦殖的天地。在兵连祸结的时代，田畴的世外之地成为失家者的乐土。他与垦众相约，严禁互斗，杀伤者抵罪，又立断狱之法，定婚嫁之礼，还延聘饱学之士，兴办学校，教育子弟，使各行各业，都具规范。

在那种乱世，很多不想做“流寇”，不加入军阀，但又希望自我保护的人们聚集起来，兴建这样的城寨，这叫做“坞壁”，从两汉到唐末的史籍中都可找到这样的记载。

坞壁既是为逃避战乱而建，故大多设立于远离城邑的山林川泽地带。例如洛水流经的檀山，“其山四绝孤峙，山上有坞聚，俗谓之檀山坞”；再例如合坞，“城在川北原上，高二十丈，南、北、东三箱，天险峭绝，惟筑西面即为固。”一般建在易守难攻之地。《资治通鉴》胡三省注释介绍坞壁为：“城之小者曰坞，天下兵争，聚众筑坞以自守，未有朝命，故自为坞主。”坞壁大多为自卫性质的组织，他们力图独立于乱世纷争之外，等待动乱过去。这种建立在贫弱相助、有无相通原则上的规约，以及学校等公共设施，表现出浓厚的共同体理念。严酷的环境，逼使坞壁内部紧密团结，故坞主

> 没有哪次民变不是因为政治黑暗和官吏贪暴引发的。权力者与民众是完全不对等的关系，一切主动权掌握在权力者手中，连民众的发声渠道也是权力者给予的，当他不想提供时随时可以收回。

与其下属的关系，不仅建立在权力基础之上，而且还存在某种相互依存的义气人情。

这样的坞壁有点类似于军事组织，人们自发依附于一个强势人物，在他的管理下搞生产自救和抵御外敌，为此当然要牺牲许多个人自由与发展。但在那样的乱世中，自由和发展已是奢望，生存才是首要的。每一次大乱，都持续数年至数十年，甚至上百年（如五胡乱华时期）。没有政治野心、仅仅期待治世的普通民众，就默默地等待着猎食者们争斗出一个结果，直到进入新的朝代为止。

六、每一步都是迫不得已

确实一些朝代的灭亡与亡后的混乱有外患的因素，但即便从当时的情况中拿掉这个因素，以下的规律也都适用：

没有哪次民变不是因为政治黑暗和官吏贪暴引发的。权力者与民众是完全不对等的关系，一切主动权掌握在权力者手中，连民众的发声渠道也是权力者给予的，当他不想提供时随时可以收回。当权力者放弃考虑民众的需要、民众的承受能力、民众的反对意见时，民众只能默默承受压迫和剥削直到无法承受为止。而民众无法承受后，要么死，要么造反。暴力革命，便成了一个必然。

一旦暴力革命出现并积聚到一定力量，国家机器疲于应付造反者，便失去了维护正常秩序的能力。由于制度保证了皇帝的军队是唯一的武装力量，它一旦失去作用，没有其他力量能填补空间，于是天下大乱成了一个必然。

天下大乱，社会转而实行丛林法则，民众的生存状况更糟于被压迫剥削的时候。老弱、无武器无组织的普通人成了猎场上的猎物，被杀害，被掳掠，城市、农村堕入人间地狱。至此，大乱下的人类社会变成动物社会也成了一个必然。

天下无主，于是各路势力纷纷登场。有想皇帝轮流坐的，有想趁乱捞一把的，有想解民于倒悬的……不管出于什么动机，多种势力想夺主位，也是个必然。

人们需要得到保护，于是自发拥立强者维护局部秩序，所以强者建立自己的武装和势力是必然。人们又需要稳定，于是，有长远打算的强者们互相攻伐直至重新统一“天下”又成为必然。

到了四海再次升平，新的王朝建立，社会又进入了新的一轮循环。

总之，整个王朝更替的过程，普通民众只有被选择的份儿，没

> 整个王朝更替的过程，普通民众只有被选择的份儿，没有自主选择的能力。“我不想乱”、“我希望稳定”、“我希望政治清明”……嗯，你只能希望，但你做不了主。

有自主选择的能力。“我不想乱”、“我希望稳定”、“我希望政治清明”……嗯，你只能希望，但你做不了主。当社会开始动荡时，你没有办法去拦住它；当人间变成地狱时，你也只能扛着，或者——幸运一点——躲着。最关键的是，老百姓连权力者何时会关闭沟通渠道都无从知道，赶上好皇帝还是坏皇帝就跟打麻将摸牌似的，完全看天意，所以也无从预测自己何时会遭遇不幸进入乱世。也怪不得中国百姓不像外国宗教那样专注于内心自省，而是求神拜佛的有那么多实际需求。除了恳求佛祖保佑自己的命运，他们还能有什么办法呢？

“峰峦如聚，波涛如怒，山河表里潼关路。望西都，意踟蹰，伤心秦汉经行处，宫阙万间都做了土。兴，百姓苦；亡，百姓苦。”元朝人张养浩的这首《山坡羊 · 潼关怀古》，真是写尽了中国百姓的宿命。

第二章　隋朝，伟大时代的崩溃

隋朝算是历史上第二短命的王朝，他比秦朝的十五年只多了二十二年。但和秦朝一样，它在短短的国祚中，创造了很多后世难以企及的成就，也给后来的唐王朝留下了丰厚的遗产。

一、隋的文治武功

隋朝一度是个盛世，而且是在很短的时间里发展成了一个盛世。它在短暂的时间里做到的一些成就，是很多朝代几代都不一定能达到的。

统一全国

在三百六十年的分裂之后统一中国。从公元220年东汉灭亡开始，中国就进入了一个漫长的大分裂时期，先是分三国，然后进入两晋。晋朝一度实现过全国统一，但时间非常短，基本可以忽略不计。此后是五胡乱华，匈奴、鲜卑、羯、氐、羌各种势力你方唱罢我登场，在中原地区进行了一场长达百余年的混战。再然后由鲜卑人的北魏统一北方，与在南方的宋、齐、梁、陈几朝形成南北对峙的局面。大量外族的涌入和长期的分裂割据，人们已经不知道统一的概念。在这样一个背景下实现统一，其难度是相当大的。隋是分两步得到的全部国土。北方来自于篡位，接收北周的胜利果实。南

隋朝一度是个盛世，而且是在很短的时间里发展成了一个盛世。它在短暂的时间里做到的一些成就，是很多朝代几代都不一定能达到的。

方来自于征服——位于今湖北省的后梁在开皇七年（587 年）被兵不血刃地吞并，位于其东南的陈朝在开皇九年（589 年）经过短暂较量被征服。隋在征服陈朝后实行开明政策，善待陈后主家族，结交南方著名文人，在原陈朝地区免税十年，赞助宗教。这些做法收买了人心，使武力征服后没有出现长期反抗的情况。

建立制度

隋朝建立后，首先就进行了裁汰冗员的工作。当年秦始皇建立了郡县制，汉朝继承，但在执行过程中又增加了一层州，变成了三级。大分裂时期还多了一层府。再加上这期间豪门大族和皇亲国戚都受贿安置门客，在郡外加郡，州外加州，官员成倍增加，十羊九牧，百姓不堪负累。隋朝建立后，取消了郡这一级，恢复两级制，并将剩下的旧州官署一律撤销（到隋炀帝时又改“州”为“郡”）。此举不仅减轻了百姓负担，也使权力更向中央集中。其次是简化法律以使之适应新帝国、新秩序的需要。开皇元年（581 年），隋文帝就命人制定新法典，开皇三年颁布了隋朝法典《开皇律》，后来唐朝直接以它为样板制定了《唐律》，而《唐律》又是后世法令的基本模式。开皇二年颁布的《隋令》则规定了官僚机构办事程序、土地和税收规定、日常行政章程，它涉及的内容又是公元 624 年唐朝颁布的《唐令》的前身。隋朝还创立了三省六部制，此后一直到

元人马端临说："自汉以来，丁口之繁息与仓廪之盛莫如隋"。西京（长安）的府库，则直至唐贞观年间，尤未用尽。

清末，六部制基本沿袭未改，而三省制则在不同时代由统治者根据需要做调整和补充。

积攒了巨大财富

隋接手的是这样一个国家：几个世纪的混乱造成大批民众从西北和中原逃亡，数百万人在不断的战乱中丧生，北方的大片土地遭到破坏，人口减少，耕地荒芜。由于社会发展比较落后的少数民族的侵入，奴隶制重新出现，流散的人民聚集在城堡坞壁之中相依为命。交易和商业衰落，货币被废弃，暂时稳定的政府只能靠征收实物和劳役来实现管理。隋初记载在册的人口只有四百五十万户左右，经过人口普查又查出三四十万户，灭陈后又得户五十万，经过十几年经营，到大业二年（606年），户数达到九百万户，人口约五千万人。垦田数也发展极快，隋文帝开皇九年（589年）的垦土数为一千九百四十多万顷，到隋炀帝大业中达到五千五百八十多万顷。这是个什么概念呢？拿唐朝比一下就知道了，唐最盛时期唐玄宗开元二十八年（740年）的垦田数，也才只有一千四百四十多万顷，还比不得隋初的情形。虽然按史学家汪籛的研究，隋这个惊人的垦田数只是理论数字而非事实，但理论数也不至于比实际多出太多，即便折半，也够厉害了。怪不得元人马端临说："自汉以来，丁口之繁息与仓廪之盛莫如隋。""丁口繁息"不足以说明隋之富有，"仓廪之盛”最能说明问题。隋的仓廪丰盛到什么程度呢？通过史书中这些词句可以想象：“隋氏西京太仓，东京含嘉仓、洛口仓，华州永丰仓，陕州太原仓，储米粟多者千万石，少者不减数百万石。天下义仓，又皆充满。京都及并州库，布帛各数千万。”直至起义军大兴之时，仓廪府库，仍称充实。李密“开洛口仓散米”，就食者“近百万口，无瓮盎，织荆筐淘米，洛水两岸十里之间，望之皆如白沙”。王世充据东都，城内“布帛山积，至以绢为汲绠，然（燃）布以爨（就是烧布帛当柴火做饭）”。唐高祖李渊所占有的晋阳，号称“食支十年”。西京（长安）的府库，则直至唐贞观年间，尤未用尽。

扩大疆域并重新建立中国的中心地位

隋朝建立之前，突厥已在北方兴起并形成边患，其时北周北齐对峙，都收买突厥以避免腹背受敌。北周帝卑躬屈膝地求娶突厥之女，每年送给突厥十万段丝缎，北齐也花大价钱买平安。突厥王几次对随从说：“我在南两儿（‘两儿’是蔑称北周和北齐）常孝顺，何患贫也！”隋建立后采取促使突厥分裂的政策，收到效果，并在军事上屡次给突厥以重创。在南方，公元605年，隋的军事力量继秦汉以来再次及于印支南部，建立了临邑郡。在西方，隋于公元608、609两年间，连续进击吐谷浑，获得决定性胜利，并置河源、西海二郡（在今青海）。同时，隋以兵力威胁伊吾，迫使高昌王及

这些人是通过科举取仕，依靠皇权获得地位的，没有皇权就没有他们的发达，拥护皇权也就是拥护他们立业的根本，他们与皇权的关系更加紧密，也因此更促进了中央集权。

伊吾吐屯设“入朝”，并迫使吐屯设“献西域数千里之地”，置鄯善、且末二郡（在今新疆）。东方海上，公元610年，隋遣兵万余人泛海登流求（一般认为是今台湾，也有人认为是今菲律宾），俘虏了大量男女奴隶。此后，日本也遣使入隋。唐初人形容隋的强盛为“统一寰宇，甲兵强锐”，“风行万里，威动殊俗”。

建立科举制

自汉以降，权力是掌握在一批贵族家族手中的，汉朝虽然有“举孝廉”的制度，但“孝廉”的产生也把持在贵族集团手中。可以说，王侯将相，就是有“种”的。建立于隋文帝开皇年间的科举制打破了这种状况，虽然它的作用在隋朝尚未明显表现出来，但对后世影响巨大，它为普通民众提供了一个上升渠道（虽然这渠道很窄），也造就了一个职业官僚群体。这样一来，统治集团就不再只是一小群世代相传的家庭，贵族也在中国慢慢消失。同时，这些人是依靠皇权获得地位的，没有皇权就没有他们的发达，拥护皇权也就是拥护他们立业的根本，他们与皇权的关系更加紧密，也因此更促进了中央集权。这与之前一些贵族世家世袭权力，皇帝是谁与他们无干而缺乏保护皇权的热情的情况大为不同了。

水路交通建设

隋文帝时修了广通渠解决大兴城（也就是长安城）的漕运；炀

帝时先后开凿疏浚了由黄河进入汴水，再由汴水进入淮河的通济渠；还有从淮河进入长江的邗沟；从京口（今江苏镇江）到达余杭（今浙江杭州）的江南河；引沁水向南到达黄河，向北到达涿郡（今北京）的永济渠。这些渠南北连通，就是历史上有名的大运河。大运河从北方的涿郡到达南方的余杭，南北蜿蜒长达五千多里，将钱塘江、长江、淮河、黄河、海河五大水系连接起来。大运河对隋唐时期南北经济、文化交流，维护全国统一和加强中央集权制，都起了促进作用。唐朝人皮日休曾总结说，运河"北通涿郡之渔商，南运江都之转输，其为利也博哉！"

还有一些虽算不得文治武功，但也称得上是留给后世的遗产。

建大兴城

隋文帝执政的第二年，因为沿用的北周都城旧长安已经破落，饮水也带涩味，几乎不适于人类居住，于是决定在长安东南二十一里龙首川处建新都城大兴，并令宇文恺负责督建。宇文恺是个建筑天才，他建成的大兴城不仅隋朝使用，而且唐建立后继续使用发展，用了 300 年。他的规划影响了自唐至宋各大城市的建设，连日本平安京都仿效了这一设计。大兴城分宫城、皇城、外郭城三部分，宫城居最北，皇城外绕，皇城外分东西二郭，各分为三纵列，每列南北十三坊，此皆东方文化的表现。衙署与民居分离，也便于统治。

史载“畦分棋布，闾巷皆中绳墨……朝廷、宫寺、门居、市区不复相参”，规划十分精致。

创立义仓

隋文帝开皇五年（585年），度支尚书长孙平见天下州县多罹水旱之灾，百姓生活困难，奏令民间设立义仓以资赈给：“古者三年耕而余一年之积，九年作而有三年之储，虽水旱为灾，人无菜色，皆由劝导有方，蓄积先备。请令诸州百姓及军人，劝课当社共立义仓。收获之日，随其所得劝课出粟及麦，与于当社造仓窖贮之。……当社有饥馑者，即以此谷赈给。”文帝批准了这个主意，中国历史上第一批义仓由此出现。开皇十五年（595年），以义仓贮在民间，多有损费为理由，将义仓的管理权从乡村基层的社司转移到州仓曹手中。开皇十六年（596年），义仓粮的缴纳由自愿变成了强制，从不拘数量变成了按户等高低征收固定额。隋的义仓是中国历史上第一次出现赈济饥民的义仓，不过义仓制度在隋代只在文帝期间起到过作用，炀帝时就被其征用了。唐把这一制度沿用了下去，直至清。义仓在历史上时兴时废，真正用于赈灾的时候不多。义仓制度在唐代也经历过如隋代一样的演变，由最初用于民间赈灾储备，慢慢演变为皇帝的私藏，到最后成为必须缴纳的税收，变成国家的囊中物。民物官管，往往会有这样的结果。

骁果部队

隋朝实行府兵制，士兵平时为耕种土地的农民，农隙训练，战时从军打仗，参战武器和马匹自备。这种制度产生的兵员在隋炀帝第一次征辽也就是打高丽失败后，被炀帝杨广认为战斗力不够。回军后，他就在全国范围内募集了至少十数万的武功高强不怕死的年轻人，组建了一支精锐军队，称“骁果”。这支部队精锐到什么程度呢？从史书中记录的骁果沈光的行为可见一斑：“光少骁捷，善戏马，为天下之最。”“初建禅定寺，旗杆高十余丈，竿顶需系绳索，沈光口衔索，缘竿而上，直至竿顶，系绳毕，手足并放，凌空而下，以掌撑地，倒行数十步，时人号为‘肉飞仙’。”这支精锐部队为隋发挥作用是在大业十一年（615 年），隋炀帝在雁门被匈奴所围的时候，他们以自己的骁勇保护炀帝直到解围。但此后起的作用就是破坏作用了，由于其极强的战斗力，起到的破坏作用也是极大的。

二、创业者杨坚

隋朝的这些文治武功，大部分，或者精确地说，使国家富强的那些部分，都是在隋文帝时期完成的。从人口、垦田数和财富储量计算，隋朝的鼎盛时期在大业五年（609 年），那时候隋炀帝继位

隋朝的这些文治武功，大部分，或者精确地说，使国家富强的那些部分，都是在隋文帝时期完成的。

四年多，没干什么挣钱的事，光花钱了，这“鼎盛”基本是他父亲的遗产。

隋朝的建立还是要从北周讲起。在大分裂时代的后期，中国以长江为界，分成南北两朝，北朝是鲜卑人建立的北魏。北魏的统治持续了一百多年，但内部的各种矛盾始终没有搞定，终于在公元 534 年分裂成为被权臣把持的两个国家东魏和西魏，之后两个权臣再分别篡位，成为北齐和北周。北周和北齐长期混战，彼此都试图吞并对方，这个事业在北周武帝期间由这位艰苦朴素的皇帝完成了。在他打算继续挥军南下完成统一天下的大业时，他英年早逝了。继任者荒淫而又残暴，随心所欲地杀人，朝政被搞得乱七八糟。为了让自己“位高权重责任轻”，他让自己的幼子当皇帝，自己当了太上皇，这样就既可以乱来又可以不负责任，于是就更加地胡作非为了。这种局面使满朝文武人人自危，他们需要找到一个靠谱的人来维持朝廷的秩序，后来的隋文帝杨坚就是在这样的情况下被推到了历史前台。

杨坚是北周世袭贵族，是当时那位凶残太上皇的岳父。据说他长腰短腿，为人沉默寡言，连他的近亲也不敢接近他。在这位年轻太上皇因病暴死时，他的几个近臣矫诏让杨坚摄政。杨坚摄政不久就完成了清理北周皇族、处决王朝党羽等各种规定动作，篡了小皇帝的位，接收了北周的北方江山和强大的军队，于公元 581 年立隋国，八年后平定了已经没什么战斗力的南方政权，建立了完整统一的隋王朝。

杨坚是一个严厉而勤勉的人，在他执政的二十三年里，他几乎每天都工作，“每旦听朝，日昃忘倦。乘舆四出，路逢上表者，则驻马亲自临问”。而且事必躬亲，什么都要插手，其勤劳程度直追清朝的雍正。他生活俭朴，对自己和家人可以说得上苛刻。他经常身穿布袍，平时吃饭只有一道荤菜。六宫里的女眷都穿一再洗过的衣服，首饰用铜铁骨角，脂粉都是按人头分配的。他自己每天上朝乘坐的舆辇也是一修再修，已经很旧了，还是不肯换新的。

隋朝府库盈盛和他的俭朴有很大关系，史书里特别记录了一件事来说明他对于积攒财富的态度。开皇十四年（594 年）时，“大旱，人苦饥乏，是时仓库盈溢，竟不许赈给，乃令百姓逐粮”。所谓令逐粮就是让百姓“奉旨逃荒”，虽然已经有了义仓及赈济制度，他宁愿让百姓克服一下，也要存着他的粮食。就是靠着这种抠门的本事，他用一代的时间超越了西汉最盛时两代皇帝才达到的积累。

事必躬亲的人都比较猜忌，杨坚也不例外。他脾气暴躁，疑神疑鬼，而且随着年龄的增长日益严重。他上位时倚靠过的左膀右臂，下场基本都很惨，开国功臣虞庆则、王世积先后因诬告被杀，名臣高熲先被罢官又被废为平民，如果不是杨坚自己也感觉杀人过多临时转念，高也脱不了死的命运。为了禁止官员贪赃受贿，他派人去向官员行贿试探，如果有人敢收下，就立即处死；他还派特务在街上故意扔下财物，如果有人捡，就对其处刑甚至处死。在他执政的晚年，他在殿上常备刑杖、鞭子等刑具，一句话不满意就能将人打死。

他唯一始终信任的人是他的老婆，北周贵族独孤信的女儿独孤皇后。他们俩的感情非常好，在结婚时，杨坚就立下了不与其他女人生儿育女的誓言，此后也一直遵守。在上朝时，他们俩总是同乘玉辇，皇后在议政殿门厅等候，等杨坚下朝时再一起离开。杨坚的每项政令，她也会参与意见，因此当时人们都称他们为“二圣”。虽然他们的婚姻生活中也发生过不快，但当独孤皇后先于杨坚去世之后，他还经常思念她，并在生病的时候委屈地说：“使皇后在，吾不及此。”

这对恩爱夫妇在教育子女问题上却很失败。他们一共生育了五个儿子，这五个儿子后来都先后令他们失望。大儿子也是太子杨勇生活奢侈，迷恋女色，触犯了其母的大忌，再加上二儿子杨广敲锣边儿，于是被废；二儿子杨广心眼太多，擅长表演，在其母生前将其骗得密不透风，到其父临死前露出本相，其父想匡正但为时已晚；

隋炀帝杨广上台之后，做的主要事情基本上可以用两个词概括：折腾、得瑟。他不是一个无能的昏君，不过如果他无能一些的话，他的结果可能会比实际上好些。

三儿子杨俊不仅奢侈，迷恋女色，还欺压百姓，最后获罪病死；四儿子杨秀想篡权，被废为庶人；五儿子杨谅相对来说表现好些，但在他死后也因兄弟阋墙被杨广杀死。五个儿子统统违反父母的价值观，既不节俭，也不亲爱，可说是豪门逆子的典型。养不教有不少因素是与父母有关的，如果不是杨坚夫妇尤其是独孤氏的猜忌与重视表面功夫，杨广也不会得到表演的机会，杨勇也不至于处处做错。不过几个儿子都这么乱造钱，应该是富一代和富二代的区别吧。

杨坚据传是被他亲儿子害死的。在他废掉前太子杨勇改立杨广后，杨广又俭朴又庄重的表现一直让他很为自己的选择骄傲。然而当他生病濒死时，竟发现杨广试图与他的妃嫔通奸，由此认识到自己看错了人。他派人去找回被废的杨勇，但身边已都是杨广的亲信，他们使用暴力加速了杨坚的死亡，据有的史料说是锤杀，过程相当惨烈。

三、跑步实现霸权主义

隋炀帝杨广上台之后，做的主要事情基本上可以用两个词概括：折腾、得瑟。他不是一个无能的昏君，不过如果他无能一些的话，他的结果可能会比实际上好些。他太雄心勃勃了，太想当一个

杨广的折腾体现在大搞基础建设和不断出巡上。
（图为《隋炀帝艳史》第九回插图“炀帝大兴土木”）

伟人，要天地人都来配合他，问题是哪有那么好的事。

杨广的折腾体现在大搞基础建设和不断出巡上。他登台的第一年（605 年），就在洛阳旧城西十八里营建东京，每月役丁二百万人，征集各地的奇材异石，运送洛阳。农民被迫运输，千里络绎不绝，使许多人活活累死在路上。“乾元殿大木多自豫章采来，二千人拽一柱，其下施毂，皆以生铁为之，中间若用木轮，动即火出，略计一柱已用数十万（钱）。”“又于观文殿前为书室多间，每三间开方户，垂锦幔，上有二飞仙，户外地中施机发。帝幸书室，有宫人执香炉前行践机，则飞仙下，户扉及厨扉皆自启，帝出则复闭如故。”在洛阳西郊建造一座西苑，占地二百多亩，苑内有海，海中修造三个仙岛，高一百多尺，岛上建筑亭台楼阁，十分壮观。海的北面有龙鳞渠，渠水曲折流入海中，沿渠修建了十六个别院，建筑非常华丽。整个西苑被点缀得四季如春。秋天，用彩绫剪成花叶，挂满树枝；冬天，凿掉池沼中的冰，用彩绸剪成莲叶荷花布置在上。

值得特别说明的是，洛阳宫殿的督建者也是宇文恺——大兴城的设计者，同时也是广通渠的督建者，这几项工程都是影响世界的工程，他真是个结构天才。

大建宫室即从此开始。大业元年（605 年），于临淮建梁宫；大业三年（607 年），在太原建晋阳宫；大业四年（608 年），在汾州建汾阳宫；大业十二年（616 年），建毗陵宫；此外涿郡有临朔宫，北平有临榆宫，渭南有崇业宫，鄠县有太平宫和甘泉宫，江南有丹阳宫。这些宫室既不是给老百姓用的，也不是给朝廷用的，而是统统给他自己出游用的。

杨广的出游贯穿了他的整个执政过程。看一下他的出游史吧：即位后三个月，去洛阳，然后去江都；大业二年（606 年）四月，回洛阳；大业三年（607 年）三月，回京师（即大兴）；四月北巡，从榆林出塞，入楼烦关；九月回东都洛阳；大业四年（608 年）三月，去汾阳宫，然后出塞，巡长城，向东到恒岳；大业五年（609 年）正月，从东都回京，西巡河右，出张掖，九月还京，十一月又去东都；大业六年（610 年）三月，去江都；大业七年（611 年）二月，由通济渠到涿郡；大业八年（612年）伐高丽，九月回东都；大业九年（613年）三月又去打高丽，九月回来；大业十年（614年）三月，又去涿郡，然后去怀远，十月由东都还京，十二月又去东都；大业十一年（615年）五月，去太原巡北塞，结果被突厥围于雁门，险些被杀，十月回东都；大业十二年（616年）七月，再去江都，然后就死在那儿了。执政十四年，在首都待的时间，统共不到一年。他出门，文武官员和后宫佳丽都得跟着他到处跑，“从幸宫掖，常十万人，所有供需，皆仰州县”，也就是要路过的地方政府供应食水给养等等。地方政府稍微慢待一点，甚至供应不够豪华，他都会将地方官治罪，因此各地官员不得不比着赛地搞豪华接待——可以想见这是怎样的一群蝗虫。

公平地说，杨广的出游并非只是为了寻欢作乐，确实有政治意图。比如三赴辽东，都是为了伐高丽；四次出塞，都是为了宣扬实力，这一点会在后面说明。

他的基础建设不仅限于宫室，还有交通设施。在建造东都的同一年，隋炀帝就下令征发河南、淮北各地百姓一百多万人，从洛阳西苑到淮水南岸的山阳（今江苏淮安），开通一条运河，叫“通济渠”；又征发淮南百姓十多万人，从山阳到江都（今江苏扬州），把春秋时期吴王夫差开的一条“邗沟”疏通。这样，从洛阳到江南

隋炀帝曾率数千艘游船及护卫战船，自洛阳附近的显仁宫至江都，展开了一场绵延约九十公里长的大巡游。（图为《隋炀帝艳史》第十一回插图“泛龙舟炀帝挥毫”）

的水路交通就便利得多了。以后五年里，隋炀帝又两次征发民工，开通运河，一条是从洛阳的黄河北岸到涿郡（今北京市），叫“永济渠”；一条是从江都对江的京口（今江苏镇江）到余杭（今浙江杭州），叫“江南河”。最后，把四条运河连接起来，就成了一条贯通南北、全长四千里的大运河。大运河还有很多配套工程。河的两旁开辟驰道，岸边每隔两个驿站设置一座行宫。自洛阳到江都（今江苏省扬州市），共设置了四十多座行宫。开凿大运河及配套设施，前后共用了约一亿五千万个人工，平均当时每户百姓要出近二十个人工，有许多开挖运河的民工累死在河中，“役丁死者什四五”，也就是说，将近半数民工都把生命贡献给了这条河。

在运河开通之时，隋炀帝曾率数千艘游船及护卫战船，自洛阳附近的显仁宫至

> 他的这一切“折腾”，都是为了达到一个政治目的：称霸天下。简而言之就是得瑟。为此他辛苦劳顿，马不停蹄，倾尽国力。

江都，展开了一场绵延约九十公里长的大巡游。乘船的除了后宫嫔妃、王公贵族外，还有僧尼、道士、外国商人及他们携带的物品。拖动这样浩大的船队动用了八万兵力，其中身着锦缎的将校九千余人。护卫船上搭乘了十二大队的卫士，这些士兵轮换着拉船。此外沿河两岸还有骑兵护卫随从。沿途的地方官必须提供船上所有人员所需的食物，后宫嫔妃吃不了的饭菜便刨坑掩埋，而此时的运河两岸正遭遇年馑，百姓饿得骨瘦如柴，饥肠辘辘。

他的这一切“折腾”，都是为了达到一个政治目的：称霸天下。简而言之就是得瑟。为此他辛苦劳顿，马不停蹄，倾尽国力。他试图称霸天下的方式有几种，一是金钱外交，二是武力征服，还有一个三，就是“吓死你们”，属于有隋朝特色的金钱外交方式。

金钱外交的主要实施者叫裴矩。杨广上台后，令裴矩经营西域。裴矩很敬业，每遇到经商的西域外国人前来，就向其打听西域风土人情和山川分部，收集之后编纂成一部三卷本《西域图记》献给杨广。此图不仅打开了杨广的视野，也拉开了杨广向外输出价值观的序幕。

大业三年（607年），杨广派使节使流求，翌年使赤土，至罗刹。大业四年（608年），他打算巡视河右，先让裴矩去做安排。裴矩明白杨广的心思，先行花巨资说服高昌王和伊吾吐屯设，让他

杨广下令在东都洛阳为外国商人举办盛大的商品展示交易会。（图为《隋炀帝艳史》第十回插图“东京陈百戏”）

们派使节入朝朝见“天下之王”杨广。第二年当杨广到达河右地区的燕支山时，高昌王、伊吾等二十七国的使节拜谒于道旁，他们均受命佩戴金玉，身着锦衣，焚香奏乐，歌舞欢腾——这些当然也是靠收买的。炀帝又命令武威、张掖的士女盛装修饰，纵情观看盛典，有谁衣服、车马不新鲜整齐的，由郡县负责征收更换。车驾马匹充塞道路，周围绵延几十里，以显示中国的强盛。此行让杨广虚荣心大为满足，谕令此后皆妥善招待西域商使。为举办这样的活动，百姓必须缴纳物资，搬运货物，西部地区为此付出了巨大代价，百姓失业、致贫皆始于此。

大业六年（610年），杨广下令在东都洛阳为外国商人举办盛大的商品展示交易会。以正月十五的上元节为限，命人在端门大街搭建时称“百戏”的大戏场。在戏场周围竖起栅栏，绕场一周足有八公里之多。里面表演的节目多种多样，千奇百怪。旁边则是由一万八千名乐师组成的乐队，演奏声震耳欲聋，在二三十公里外都能听到。

西域人到洛阳东市做交易，杨广命令本市商人盛饰市容，广积珍货，商人都服装华美，连地摊上的卖菜人也得用龙须席铺地。西域人经过酒食店门前时，店主都得邀请他们入座吃饱喝足，不收分文，还要说隋朝富饶，酒食不要钱。市内树木也都用帛缠饰，以示富足。西域人问道：“你们隋朝也有赤身露体的穷人，为什么不用这些帛给他们做衣服穿，却白白用来缠树？”市人无言以对。

在广撒钱的同时，还采用威慑力来镇住“番邦”。比如外出巡视时专门制作了“观风行殿”，这是一个能够承载皇帝及数百名随从的大观台，台下设置有能够行驶的装置。夜宿时，以“行城”将“行殿”护卫起来，保证皇帝、大臣的安全。所谓“行城”是可以移动的长城，它将板子像屏风一样连接在一起，四面有城门及瞭望台，全长约三公里，行进时将其拆开装在车上，到了宿营地再搭建起来。此外，据说还挑选精兵五十余万全副武装，配备良马十万与巡游队伍同行。“戎狄见之，莫不惊骇”——效果多好！这些排场，就是为了展示我大隋的强大国力，让外国人闻风丧胆的。

对那些金钱买不动也无法震慑住的国家，就采用武力。大业元年（605 年），杨广发兵攻打林邑国。隋朝将军刘方亲率海军，沿林邑海岸线直逼林邑国都，隋军占领国都大肆掠夺，并收缴了宫中摆放的牌位、梵语书写的纪录文献等物。可是由于无法适应南方气候，至凯旋时已有半数隋军毙命，大将刘方也在归朝途中病逝。林邑国王梵志在隋军撤走后返回国内，摄于隋朝的强悍，向隋派遣使者成为朝贡国。

大业三年（607 年），隋炀帝委任朱宽到海外各国巡视，命其四处劝说他国向隋纳贡。其中一个叫流求的国家拒绝了这一要求，大业六年（610 年），隋炀帝命陈棱、张镇周二人为大将，率兵从义安郡启航攻打流求。斩杀了流求国王，俘虏臣民一万七千人，并将这些人带回。隋炀帝将这些人通通贬为奴隶分赐给百官。

大业五年（609 年），杨广还亲自率兵，讨伐了西方一个叫吐谷浑的国家。在追赶逃跑的吐谷浑可汗时，一鼓作气攻打到现在的青海省境内。为此杨广非常得意自己的骁勇善战，自夸道："吾观古代帝王常常巡视四方，向外民族展示我大汉威仪。然而近代天子都是些胸无大志的，只知闷在宫中做些涂脂抹粉之事，根本不与普通民众接触。那怎么能称得上为政之方略呢！"

大业三年（607 年），杨广出塞巡视，突然造访了东突厥启民

杨广从他父亲手中得到的，是一个国富民穷的隋朝。国家聚敛了太多的财富，而老百姓却因为统治者的苛政，失去了维持生存最起码的条件。财富集于国库，百姓却无以生存。

可汗的大帐。当时高丽使者也刚好在，杨广即令其回国，让高丽王赶快入朝称臣。但高丽王竟然没来！这引发了杨广的三征高丽。第一次征调了一百一十三万三千八百名士兵，负责搬运粮草的民夫是这一数字的两倍，最后却大败而回，渡河进攻的三十万五千名士兵只活着回来两千七百人，被丢下的武器辎重以万万计；第二次正要组织进攻，国内出了内乱，只好仓促赶回；第三次国内虽已大乱，但高丽也已经被折腾坏了，于是遣使请降，大家互相给了个面子，就这么凑合结束了。杨广本来还想打第四次，到底要争出谁是老大。但客观条件已然不允许，他只好壮志未酬了。

四、谁的盛世

必须要指出的是，杨广从他父亲手中得到的，是一个国富民穷的隋朝。在粮仓盈溢的同时，仍不断有饥荒的记载。史书没有在记载国力增长时记录百姓的生活状况，但经济发展是有其自然规律的，《文献通考·国用考》曾说："古今称国计之富者莫如隋，然考之史传，则未见其有以为富国之术也……节以制度，不伤财，不害民，《孟子》所谓贤君必恭俭礼下，取于民有制者，信利国之良规，而非迂阔之谈也。"西汉经济发展最快的文景之治阶段共花了四十年，而隋朝超过同样积累只用了二十多年。就算生产力有所发展，但也难出太大奇迹，国家的富裕必然是从国民中夺来，无非取之有度，没致人造反而已。大业七年（611 年）起，就不断有郡县百姓因灾致贫，陷入饥馑，可见家无存粮。再加上，隋时大量财富聚集到少数人手中，隋文帝的几个皇子、炀帝的重臣杨素与宇文述等，都奢侈腐化，富可敌国。

隋文帝杨坚对此也有认识，他遗诏中说“但四海百姓，衣食不丰，教化正刑，犹未尽善，兴言念此，惟以留恨。”又一再交代继承人“务从节俭，不得劳人”，安养百姓。

遗憾的是继任者不仅没有遵从他的遗志，反而反其道而行之，将刚刚有所好转的民生拉入了贫困和饥馑当中。据《隋书·食货志》记载，在隋朝灭亡之前：“百姓废业，屯集城堡，无以自给。然所在仓库，犹大充牣，吏皆惧法，莫肯赈救，由是益困。初皆剥树皮以食之，渐及于叶，皮叶皆尽，乃煮土或捣藁为末而食之。其后，人乃相食。”国家聚敛了太多的财富，而老百姓却因为统治者的苛政，失去了维持生存最起码的条件。财富集于国库，百姓却无以生存。

观隋末历史，反抗多与国家仓库相关。李密取洛口，开仓放粮；徐世勣占黎阳，开仓放粮；刘武周起兵，宣称：“今百姓饥馑，僵尸满道，王府君闭仓不赈恤，岂为民父母之意乎！”“壮士岂能坐待

说杨广“荒淫”，是史书上的一种歪曲。（右页图为《隋炀帝艳史》第三十回插图“任意车处女试春”，描绘炀帝如何以奇巧淫技，纵欲无度。）

沟壑！今仓粟烂积，谁能与我共取之”，即得兵万人。

近年来有一种为隋炀帝翻案的倾向，认为他修建大运河造福子孙万代，拓展疆域弘扬国力，开一代盛世，是真正的伟人。我很想问问这些伟人爱好者是否愿意生活在伟人执政的那个时代，又愿意做伟人的哪一个属下，是累死沟渠的民工，还是徒步陪着他沿运河奔波的士大夫？还有不少人说史书对隋炀帝进行了歪曲，实际上他的统治很得力有序，只是得罪了贵族集团才导致灭亡。这个观点让我困惑：如果他一直那么英明神武，怎么忽然就全国各处都是反抗者了呢？而山东的农民窦建德、张金称，封疆大吏李渊，蝇营狗苟钻上高位的王世充……这来自五湖四海各个阶层的反抗者们，他们又共同属于哪一个贵族集团呢？

隋炀帝毕生都在试图伟大，他的一切努力，都是想让整个世界都承认他杨广所领导的大隋国，是天下首屈一指的国度，当然，他作为核心，就是首屈一指的神了。如果他的子民都是机器人，不用吃不用喝，不怕苦不怕累，他确实有机会成为独步古今的伟人，可惜这个客观条件太不配合他了。不过话说回来，要是手下有几千万没有个人要求、任人驱使的机器人的话，又有谁当不了伟人呢？

隋炀帝的眼中是没有“民”这个概念的，如果不能提供劳力，那么他们就是麻烦。杨玄感之乱，牵涉在内而被杀的人数以万计，

无辜被杀的还有好几万，这都出自杨广本人的授意。他跟亲信大臣裴蕴说：“杨玄感大声一呼，跟从他的人就有十万，使我发现天下人口不能太多，多了就会聚众作乱，不杀不足以阻吓后来人。”而后杨广再赴洛阳时，见到街上的行人，竟然说：“还有这么多人？！还是杀得太少了。”

杨广修建东都的时候，每个月役丁二百万，死者十之四五，大业三年（607年）发壮丁百万修长城，死者也是十之五六，以至于当时有句话，叫天下死于役。为了逃避如此可怖的徭役，青壮农民甚至竞相自残，用砍掉自己的手脚来逃过一劫，还管这个叫“福手”“福脚”，一直到唐朝建立很久以后，这风气才渐渐消失。

当民众只能靠自残乞活，甚至这样都活不下去的时候，有多少外国人赞叹贵国强盛又有什么意义呢？当街市的富足都是表演出来的，繁华都是些面子工程，人民只是一个个完成国家任务的螺丝钉的时候，盛世又有什么意义呢？那是他的国强大了，但跟平民百姓又有什么关系呢？！

史书确有歪曲杨广的地方，比如说他“荒淫”，甚至还有人编

隋炀帝毕生都在试图伟大，他的一切努力，都是想让整个世界都承认他杨广所领导的大隋国，是天下首屈一指的国度。如果他的子民都是机器人，不用吃不用喝，不怕苦不怕累，他确实有机会成为独步古今的伟人，可惜这个客观条件太不配合他了。

纂过《隋炀帝艳史》，事实上杨广终其一生，始终与其正妻萧氏保持恩爱。他也很爱文学，收集了大量书籍，并曾令人对当时的古书进行了一次完善的清理删订工作；他生前写过很多诗句，身后被人结集成为《隋炀帝集》，其中有部分诗句流传至今，从中可见其文学素养。如“寒鸦千万点，流水绕孤村。斜阳欲落去，一望黯销魂。”（《野望》）“暮江平不动，春花满正开。流波将月去，湖水共星来。”（《春江花月夜》）——估计他也会觉得“秦皇汉武，略输文采”吧。但当皇帝与当文学家毕竟不同，一个心中没有他人的人，一个不尊重客观规律的人，能力越大，位置越高，理想越高远，造成的破坏也就越大。

在魏徵主持编纂的《隋书》中，他个人对杨广进行了一番总结。看了许多分析隋炀帝的文章，还是他这篇对杨广了解最深，毕竟是亲身经历过那个时代并参与过推翻杨广政权的革命前辈啊！在此翻译如下（有删节）：

史臣（即魏徵）曰：炀帝少年时代就有令名，志向远大。南平吴会，北却匈奴，在几兄弟当中最为出色。登上帝位时，国土面积之广超过古代，声威传布之远令可汗叩头，南方小国也归附中土。财富堆满都城，粮食堆积边塞。他仗恃强大，要逞其贪得无厌的愿望，认为周朝格局小，喜欢秦汉的强大。自我感觉良好，喜欢炫耀，骄傲狠毒，内心阴险暴躁，外表却标榜严肃沉默。喜欢摆排场来掩饰阴险，除掉规劝的人来掩盖错误。法令多如牛毛，动不动使用酷刑，又杀骨肉，又杀忠良，无功的人受赏，无罪的人获罪。骄怒之兵屡动，土木建设不息。穷兵黩武，苛捐杂税无度，再加上贪官污吏横行，人民简直没有活路。就这样，杨广不仅不做改变，反而更对不从者严刑惩处，对反抗者武力镇压，四海之内骚动，人民求生不能。

不久，杨玄感发起战乱，突厥又北犯边塞，炀帝反而抛弃国土远走南方。于是天下大乱，强弱相欺凌，饥馑者流离道路，死于沟壑，人民死去十分之七八。变民们四处劫掠，称王称帝，流血成川泽，死人如乱麻，吃人都来不及拆去骨头！茫茫大地都成了猎场，百姓都成了猎物。四面八方传书向中央政府求救，炀帝却拒绝面对现实。振着蜉蝣的翅膀，穷长夜之乐。等到土崩鱼烂，恶盈满贯，普天之下，都成了仇敌，左右的亲信，都成了敌国，死的时候没有一个人肯帮他，骨骸都没人埋。《书经》说："天作孽，犹可违；自作孽，不可逭。"《左传》曰："吉凶由人，妖不妄作。"又曰："兵犹火也，不戢将自焚。"观隋之存亡，正是如此。

五、独夫最后的日子

原则上，封建专制社会每个皇帝都是独裁者，但事实上没有那么简单。从汉朝起，历代统治者在建立制度时，都设立了一定的制衡机制，以防止继任子孙中出现败家子，而导致满盘皆输的局面。隋朝的三省制就是这样一个保障了决策、审核、执行三权分立的制度。遗憾的是从隋文帝起就没按照理想实施，他不信任任何人的心态和事必躬亲的习惯，使权力向他集中，而这一点到了隋炀帝时期，又因为杨广的自命不凡和刚愎自用而发展到了极致。杨广曾经亲口对秘书郎虞世南说："我天性不喜欢别人规劝，尤其是一个人地位声望都到了高峰，还想用诤谏求名，我就更不能忍受。地位低的人我虽然可以宽容，但早晚也会把他铲除，你要记住这一点。"这种威吓很有效果，到后来他筹划一些荒诞的事情时，满朝文武竟无人敢说话。

他讨厌别人说真话，自然周围也只能说谎话，而他也只需要被假话围绕着。当变民蜂起，天下大乱的时候，他问心腹宇文述："盗贼如何了？"宇文述告诉他："已经越来越少了。"洛阳快要陷落的时候，留守的越王派元善达冒着危险穿过战场赶到江都求救，大臣虞世基说："你开口闭口反贼如何猖獗，你不是平平安安地来到江

杨广曾经亲口对秘书郎虞世南说："我天性不喜欢别人规劝，尤其是一个人地位声望都到了高峰，还想用诤谏求名，我就更不能忍受。"（图为《隋炀帝艳史》第二十六回插图"虞世南诏题诗"）

都了吗？这就说明事态没你讲的那么严重。"杨广听了虞世基的话顿时来了精神，对元善达呵斥道："你这身份卑微的奴才，竟敢在众人面前戏弄朕！"就这样，元善达被扣在江都，后来有司又故意让他负责危险性极高的差事，在叛军控制区之间押运粮草，最终他果然落得个被杀的结局。

但地球毕竟不是按照杨广的希望转的，他治世的失败必然导致恶劣的后果，而这后果也必然由作俑者承担，他是躲不过去的。

随着一系列宫廷斗争的发生和民变的渐起，杨广在大业八年（612年）起患上了严重的神经衰弱症，他经常在半夜惊起，梦见自己被人砍杀，夜半常常大叫一声"抓刺客"并从床上跳起。每当此时，便需数名宫女紧张忙碌为其压惊、安抚、按摩全身，方能入睡。他求助于方士炼长生不老药，结果历时数年动用了几千名苦役

杨广自诩旷世英才，曾说："世人都认为朕只是继承皇位的幸运儿，实际上他们错了。朕无论生在什么样的家庭，都能凭借自己的实力当上皇帝。"我们可以知道当一个人权力太大、地位太高的时候，有多容易错误地估计自己。

花费巨资，最后却被证明是个骗局。

他花大价钱买来的"友邦"也被证明压根儿就不是朋友。大业十年（614年）秋季，他北上出塞巡视边疆，东突厥忽然出动骑兵数十万人围困雁门，雁门郡四十一座城池被突厥拿下三十九座，杨广困守在雁门城，流箭在他身边四处飞，他心胆俱裂，抱着幼子痛哭。最后还是李世民等赶来护驾解了围。

大业十二年（616年）正月初一，宫内举办例行朝会，有二十个郡的使节都没有赶到，大都是因为途中遇到叛乱劫匪无法顺利抵达国都长安。就算身边亲信都渲染大好形势，情况之严峻他心里也有数了。杨广的神经衰弱日渐严重，他在东都宫中修建书院，并安装了防止任何人接近的机关。这一年夏季宫中失火，杨广还以为民军攻打进来，吓得跑到御花园，躲在蔓草丛中，等事情平静了才敢出来。这一年的秋天，他南下江都，实际上有了逃难的打算。

杨广在江都生活依然奢华，但空虚感总在心中萦绕。一日，他看着镜中的自己忽然对身旁的萧皇后说："好脑袋，谁来砍？"萧皇后一惊，连忙问："您这是说什么呢？"杨广好像预感到了什么，若无其事地说道："这世道是相当玄妙而公平的。苦与乐、贵与贱总会交替而生，正所谓物极必反啊。"大业十四年（618年）三月十五日夜，江都突发兵变。乱军闯入宫中，一路杀到杨广住处。当他们破门而入时，杨广惊叫："你等是来杀朕的吗？"叛军中一人答道："绝非如此，我们只是想与陛下一同返回长安。"

面对手持利刃的士兵，杨广问："为何要杀朕？朕何罪之有？"将士们说道："陛下背弃宗庙，不停巡游。对外不断发动战争，对内极尽奢侈荒淫。多少壮丁苦役因战争送命，妇人孩子饿死路旁荒野，百姓流离失所，盗贼四起。可您只听溜须拍马之词，丝毫不问天下民生疾苦。您认为自己无罪吗？"听到这样的质问，杨广瞪着对方说道："我是辜负人民。可你们又算什么？荣华富贵应有尽有，都到了顶点，为什么要这样做？今日主谋究竟是谁？让他出来见我！"然后他听到了真相："天下百姓个个怨恨，岂止一个人。"他最疼爱的小儿子赵王杨杲只有十二岁，也伴其左右，看到这场面哭个不停。叛军们一刀斩了赵王，把杨广的衣服染得一片血红。接着挥刀要斩杨广时，他命令道："天子有天子的死法，给我拿毒酒来！"但被乱军拒绝，于是解下丝带自缢而死。

杨广自诩旷世英才，曾说："世人都认为朕只是继承皇位的幸运儿，实际上他们错了。朕无论生在什么样的家庭，都能凭借自己的实力当上皇帝。"结合他的所作所为来看这句话，我们可以知道当一个人权力太大、地位太高的时候，有多容易错误地估计自己，他真以为自己是凭实力得到这一位置的。错误估计自己倒也没什么，但万一他按照这个错误的估计来制定下一步的方略，那就是大家的灾难了。

第三章　遍地烽烟

隋炀帝在有限的几年统治中得罪了所有群体。普通农民自不必说，士大夫阶层本是皇权最紧密的伙伴，靠着皇权为生的，也被隋炀帝的予取予求整到离心离德。

要想数清楚隋末反政府武装的具体数量是十分困难的，因为太多了。北到榆林，南到珠崖，东到会稽，西到张掖；早到隋炀帝大业六年，晚到唐朝建立后很久；小到几十人，大到数十万人；低到流民无赖，高到高官武将；简单到逃役、活命，宏大到拯救苍生……遍及各个阶层、各个地区，包含各种目的、各种原因。隋炀帝以一己之力，挑起如此复杂的局面，也真是相当的厉害。

一、众叛亲离的领袖

隋炀帝在有限的几年统治中得罪了所有群体。普通农民自不必说，规模浩大的劳役与军役耗尽了民间财富与民间力量，田地因缺乏劳动力来耕种迅速抛荒，接踵而至的是饥馑和逃难。国家的征敛已经够厉害了，官员的贪污腐败使得百姓的负担几何倍数地加重，“租赋之外，一切征敛，趣以周备，不顾元元，吏因割剥，盗其太半”，“每急徭卒赋，有所征求，长吏必先贱买之，然后宣下，乃贵卖与人，旦暮之间，价盈数倍，裒刻征敛，取办一时”。百姓走投无路，只得走造反道路，“强者聚而为盗，弱者自卖为奴婢”。

士大夫阶层本是皇权最紧密的伙伴，靠着皇权为生的，也被隋炀帝的予取予求整到离心离德。他轻慢士人。大业七年（611 年）

二月，杨广自江都北上前往涿郡筹备第一次征高丽，选部、门下、内史、御史四部在船上裁决全国官员升迁调补，参与甄选的三千士人跟着龙舟步行三千余里，天寒地冻，致死十分之一二。他嫉妒才子。官员薛道衡和王胄比他有才，杨广先后都以各种理由将其杀掉，在其死后还得意地说："看你现在还写不写得出'空梁落燕泥'？！""看你还写'庭草无人随意绿'！"

军队是统治者最后的依靠，枪杆子里出政权嘛！但是隋炀帝连这个都不维护。大业十一年（615 年）他在雁门被突厥包围，全城只剩 20 天的粮食，而攻城者发动紧密攻势，流箭四处飞，甚至飞到他面前，吓得他抱着幼子哭到眼睛肿起来。在危急时候，民部尚书樊子盖建议他以许诺不再征辽和颁发高额奖赏鼓励士卒，他答应了。同仇敌忾下，士兵们果然发挥了最大潜力，协助他脱离危局。解围后樊子盖提醒他兑现承诺，他却只字不提，樊子盖催他，他反而说："怎么？你想收买人心么？！"在这一点上他和杨坚果然父子同心，国家富成那个样子，却吝惜分给别人一点点。安全回到东都之后，他立刻开始筹划下一次征辽，对自己曾经的许诺统统置诸脑后，彻底丧失了军队对他的信任。到他执政的最后阶段，普天之下竟完全没有支持他的势力，古今中外都难找见如此不专业的独裁者。

杨广统治的是世上最好统治的臣民，但凡有一点苟活的可能，他们都把维护稳定当作自己的本能。甚至当一个地方的臣民终于活不下去造反时，别的地方的人仍在努力维护稳定，只要自己还能活。

杨广统治的是世上最好统治的臣民，但凡有一点苟活的可能，他们都把维护稳定当作自己的本能。甚至当一个地方的臣民终于活不下去造反时，别的地方的人仍在努力维护稳定，只要自己还能活。大业十二年（616 年），杨广决心南下江都的时候，数名官民先后极力劝阻晓以大义，都被他杀了。最后一次，当他行经梁郡（今河南省商丘县），梁郡多名百姓害怕政府主力离去后四处活跃的变民会打进来，为维稳做了最后的努力。他们拉住杨广的马头喊："陛下如果一定去江都，天下就不再是陛下的了！"结果是他们统统被杨广杀了。

无论是造反的，还是打酱油的，甚至是维护政权的，杨广一律不稀罕。在他的指令下，樊子盖在讨伐变乱时，不管平民变民，见人杀人见村烧村，投降者一律活埋，这个政权就是这样失去了全部的支持。

二、变乱四起，蔓延全境

隋末的变乱是从一场闹剧开始的。大业六年（610 年）正月初一三更时分，天还没亮，数十人身穿白衣头带白帽，一手拿香一手拿花，自称弥勒佛，进入东都洛阳端门。由于装扮奇特，守门的卫士不明就里，都向他们磕头，他们正打算趁此机会夺取士兵的武器发动攻击，正巧齐王杨暕卫队经过，发现这一情况，将他们当场全部杀死。然后政府军在城内大规模搜捕，一千多家受牵连。这场闹剧迅速被平定，没人追问他们为何造反，有什么不平，也就无人反省有什么地方出了问题。在那时，谁都没有想到这之后造反就如同星火燎原。

到大业九年（613 年），造反者已经遍布全国。杨广采取的对策是，令全国各郡、县和驿站都修城或筑城，又令各郡县城迁移到驿路附近五里以内，甚至令郡县官籍没造反者的家产和人口。郡县官为夺取财物和人口，更加专擅威福，任意杀掠，逼得不曾参加起义的民众再也不能留恋乡土。大业十一年（615 年），隋炀帝因农民纷纷起义，户口大减，令郡、县、驿亭、村坞都修筑城池，所有民众都迁入城中居住，供给城附近的田地耕种。城附近的田地为数有限，久居城中将无以为生，这又驱迫一批民众不得不参加起义军。

史学家岑仲勉总结过一个详尽的隋末变民集团表，这个表可以协助我们了解当时的局面。需要说明的是，这个表里并未列出李渊、宇文化及等初为政府军，后来成为反政府军的组织。

一、京畿及关西

人名	起事地点	起事年份	降灭年份	备考
白榆娑	灵武（灵州）	大业九		
向海明（桑门）	扶风（岐州）	同上		为唐将所破
李弘	扶风（岐州）	大业十		为唐将所破
刘迦论	延安（延州）	同上		为隋将所破
孙华	冯翊（同州）	大业十二	大业十三	降唐
荔非世雄	安定（泾州）	同上		
刘企成	弘化（庆州）	大业十三		
梁师都（郎将）	朔方（夏州）	同上	贞观二	为部下所杀
白玄度	土门		大业十三	降唐
刘步禄（胡人）	丹州		大业十三	
丘师利、李仲文	鄠		大业十三	降唐
何潘仁（胡人）	周至		大业十三	降唐
薛举（校尉）	金城（兰州）	大业十三	武德元	唐执其子仁果
李轨（司马）	武威（凉州）	同上	武德元	降唐
唐老和	张掖（甘州）	同上		
周洮	上洛（商州）		武德元	降唐
张长懋	丰州		武德元	降唐
郭（李）子和（翊卫）	胜州		武德元	降唐
邵江海	岐州		武德元	降唐

二、山东西及河南（古之山东，即今之河北）

尉文通	雁门（肆州）	大业六	同年破之	
杜彦冰等	平原（德州）	大业九		
李德逸	平原（德州）	同		
韩进洛	济北（济州）	同		
孟海公	济阴（曹州）	同	武德四	为窦建德所执
郭方顶（预）	北海（青州）	同		
甄宝车	济北（济州）	同	大业十三	为隋将所败
吴海流	济阴（曹州）	同		
吕明星	东郡（杞州）	同		为隋将所斩
孟让	齐州	同		归李密
王薄	齐州	同	武德二	降唐

张金称	清河（贝州）	同	大业十二	为隋将所杀
格谦	渤海（沧州）	同		同上
孙宣雅	山东勃海？	同		为秦琼所败
高士达	清河（贝州）		大业十二	为隋将所斩
郝孝德	平原（德州）		大业十三	归李密
左孝友	齐郡（齐州）		大业十	为隋将所破
宋世谟	琅邪（沂州）	大业十		
司马长安	长平（泽州）	同		
刘苗王（胡人）	离石（石州）	同		
王德仁	林虑	同	武德元	降唐
毋端儿	龙门		大业十一	为李渊所破
颜宣政	齐郡（齐州）	大业十一	同	为隋所破
杨仲绪	北平（平州）	同	同	为隋所破斩
王须拔	上谷（易州）	同	武德元	为建德所破，奔突厥
魏刀儿	赵州	同		
敬盘陀等	绛郡（绛州）	同	大业十一	
左才相	齐郡（齐州）	同		
卢明月	齐郡（齐州）	同		为王世充所破
翟松柏	雁门（肆州）	大业十二		
甄翟儿（魏刀儿部将）		同	大业十二	为唐所破
赵万海	恒山（恒州）	同		
窦建德	河间（洺州）	大业十三	武德四	为唐所执
徐圆朗	东平（郓州）	同	武德四	降唐
王子英	上谷（易州）	同		
刘武周（校尉）	马邑（朔州）	同	武德五	为突厥所杀
李密、翟让（法曹）等	河南	同	武德元	密降唐
房宪（献）伯	汝阴（颍州）	同		归李密
杨世洛	太原（并州）	同		
高开道	平州	大业十二	武德三	降唐
杨公卿	邯郸	同		
郗士陵	灵寿		大业十三	降李渊
张升	洹水			
赵君德	清河（贝州）			

王君廓	上谷（易州）		大业十三	归李密
张迁	谯郡（亳州）		同	同
白社			同	同
田黑社	鹿邑（陈州）	大业十三	武德三	降唐
李文相	魏郡（相州）		武德三	为建德所杀
李士才	长平		大业十三	归李密
沈柳生	颍川（许州）		同	降萧铣
张志昂	赵州		同	降唐
李义满，又称李满	平陵		武德二	降唐
张善相	伊、汝		同	同
徐师顺	任城		同	同
綦公顺，又称綦顺	青、莱		同	同
罗艺（郎将）	幽州		同	降唐
刘季贞（真）（胡人）	离石（石州）		武德三	同
时德叡（朝散大夫）	尉氏		同	同
杨仲达	豫州		同	同
张青特	济北（济州）		武德四	为唐所执
王世充（胡人）	河南		同	降唐
蒋善合	郓州		同	同
马薄	化明（豪州）	大业末		为杨益德杀
杨益德	同上			降唐
李厚德	河内（怀州）		武德二	降唐
卢祖尚	光州		武德四	同
淳于难	文登		同	同
王要汉	浚仪（汴州）		武德五	同
周文举	淮阳（陈州）		同	为唐所执
田留安	章丘		同	降唐

三、东南及长江流域

刘元进	馀杭（杭州）	大业九	武德五	降唐
彭孝才	东海（海州）	同		为隋将所擒
李三儿等	东阳（婺州）	同		
苗海潮	永嘉（处州）	同	武德六	降唐
张大彪	彭城（徐州）	大业十		为隋将破斩
郑文雅等	建安（泉州）	同		

张起绪	淮南	大业十一		
魏骐驎	彭城（徐州）	同		
李子通	东海（海州）	同	武德四	降唐
朱粲（县佐史）	汉南	同	武德二	同
卢公暹	东海（海州）	大业十二		
韦彻	盐城（楚州）	隋末	武德四	降唐
杜伏威	齐郡（齐州），后渡淮南	大业十二	武德二	降唐
操天成（或师乞）	鄱阳（饶州）	同		
林士弘	同	同	武德五	降唐
魏六儿	淮阳		大业十三	归李密
李德谦	淮阳		大业十三	归李密
张善安	方与	大业十三		
李通德	庐江（庐州）	大业十三		
萧铣（罗令）	罗县	同	武德四	为唐所执
沈法兴	丹阳（蒋州）	武德元、二月	武德三	自投水死
杨士林	山南		武德二	降唐
蒋弘度	东海（海州）		同	同
周法明	永安（衡州）		武德四	同
臧君相	海州		同	同
汪华	睦州		同	同
殷恭邃	舒州		武德五	同
冉安昌	巴东（信州）		同	同
梅知岩	宣城（宣州）		武德六	同
左难当	泾县		同	同
曹武彻	桂阳（郴州）	大业十三		

四、岭南

王万昌	朱崖（崖州）	大业六	大业六	为隋讨平
陈瑱	信安（端州）	大业九		
冼宝彻	高凉（高州）	大业十二		
杨世略	循、潮		武德五	降唐
宁长真	郁林（郁州）		同	同
邓文进	广州		同	同
冯盎	高、罗		同	同

虽然这表上标出的“起义军”不够完整，不过也能大致看出，隋末反政府组织最集中的地方是在山东（太行山以东），也就是今天的山东省、河北省一代（本书所指“山东”，都是指这一地区），隋末的第一支有名有姓的农民起义军王薄就是起自今山东章丘。此后成气候的几支队伍中，翟让、李密军和窦建德军，也都是山东豪杰。在隋以前，直至有唐一代，山东地区都是整个帝国最为富庶的地方，唐代主要的丝织品税收都来自这里。而炀帝执政期间，开凿大运河和三次征辽，其主要征夫、征兵地都在这一地区。

三、无路可走，只好“上山”

让我们来看看山东豪杰造反前是一种什么样的局面吧。大业六年（610 年）起，隋炀帝开始做征高丽的准备工作，发动民夫运米，积于泸河、怀远二镇（在今辽宁朝阳附近），“车牛往者皆不返，士卒死亡过半，耕稼失时，田畴多荒”。发鹿车夫六十余万，每两人推米三石（一石为一百二十斤，约合现在的二十六公斤）运送，由于道路险远，这些米还不够两个民工路上的口粮，等运到地方，已经无粮可交，这样自然完不成任务，而完不成任务就会被治罪。为避治罪，民夫纷纷逃跑。

大业七年（611年）开始“扫地为兵”，派往辽东，“战士及馈运者填咽于道，昼夜不绝”。隋府兵制度，被征为兵的人需自置装备衣粮，对很多家庭都是沉重的负担。逃过兵役的也并不轻松，“会与辽东之役，征税百端，使人往来，责成郡县。于时王纲弛紊，吏多赃贿，所在征敛，下不堪命”。祸总是不单行，这一年秋，黄河下游发了大水，山东、河南淹没四十余郡，随之而来的是饥荒和瘟疫，为了活命百姓不得不“相卖为奴婢”。

紧接着是大业八年（612年）的征辽失败，死者数十万。

天灾人祸，使得民间社会“比屋良家之子，多赴于边陲，分离哭泣之声，连响于州县。老弱耕稼，不足以救饥馁，妇女纺绩，不足以赡资装……宫观鞠为茂草，乡亭绝其烟火”，真是人间地狱。在这种情况下，“安居则不胜冻馁，死期交急，剽掠则犹得延生”，于是当贼做盗、造反为匪，成了唯一可行的选择。

大业七年，被逼造反的盗匪都出现在山东地区：王薄占据长白山为盗，刘霸道占据豆子䴚（音岗）为盗，孙安祖占据高鸡泊为盗，张金称在清河鄃县为盗，高士达也落草高鸡泊。这一年是隋末变乱正式爆发的一年，是从受压榨最重、最没出路的人开始的。这时，大战尚未开始，国力仍处巅峰。在这个时候杨广是有机会力挽狂澜的，因为乱局出现在“局部地区”，造反者只算得上是“一小撮”。

最老实的人最晚爆发，而最老实的人爆发的时候也最不留退路。因为但凡有点退路，他都会继续忍下去，只有他认为再无退路时才会反抗，一反抗就是同归于尽的路数，其中的破坏力也就可想而知。

如果他及时对民意做出反应，调整决策，局势还可以改观，他的帝国至少还可以多稳定几年甚至几十年。虽然之前的筑宫殿、修运河已经将民众压榨得很厉害了，但还能活，人们就能忍，而现在的情况是人们已经到了活不了的边缘。

王薄起兵时曾作《无向辽东浪死歌》来作为号召，“长白山前知世郎，纯着红罗绵背裆。长槊侵天半，轮刀耀日光。上山吃獐鹿，下山吃牛羊。忽闻官军至，提刀向前荡。譬如辽东死，斩头何所伤。”“斩头何所伤”？民不畏死，奈何以死惧之？其实中国人民本来还是怕死的，但到怎么都是死的时候，也就没的可怕了。

不过话说回来，因为“左右都是死”而造反，里面蕴含的一个意思就是“你逼得我活不下去，我不活了，咱们一起完蛋”——最老实的人最晚爆发，而最老实的人爆发的时候也最不留退路。因为但凡有点退路，他都会继续忍下去，只有他认为再无退路时才会反抗，一反抗就是同归于尽的路数，其中的破坏力也就可想而知。

四、谶语传递求变之心

除了现实生活的艰难外，当时流行的一个谶语也给农民们起兵反抗政权提供了勇气。当时民间广泛流传着一首儿歌，叫做《桃李章》:“桃李子,皇后绕扬州,宛转花园里。勿浪语,谁道许!”这首儿歌在流传中也有变种，比如《桃李子歌》曰:“桃李子,莫浪语,黄鹄绕山飞,宛转花园里。”不管详细内容如何，总之是表达了一个意思,即“杨氏当灭，李氏将兴”。这种说法从何而来无从考证，也许最初只是有人编出来以表达一种美好愿望的，但不管怎样，经过一番流传之后，人人都相信这是一个预言，即姓李的人将取代杨氏（隋朝）的江山。

不要小看谶语的力量，几乎在每个朝代灭亡的时候，都会广泛流行起类似的谶语，而它们都曾有过极大的影响。一方面，落后的科学技术使得人们对这类神秘事物将信将疑；另一方面，这种歌谣的流行本身就是一种意识形态宣传，有着动摇统治的作用。因此，每一个统治者都对谶语极其重视，当统治力量仍强大稳定时，谶语的传播者往往会以煽动颠覆政权罪来处置，牵连者不是抄家就是砍头；当统治力量薄弱时，谶语就会被其他武装力量利用，作为号召人民、称王称帝的依据了。

大业九年(613年),隋炀帝杨广二征高丽时,第一次听说了“李氏将兴”的图谶，是一个叫安伽陀的方士告诉他的，并劝他为了社稷安稳，“劝尽诛海内凡姓李者”，这种说法当然不可能实现。当时他的宠臣宇文述与右骁卫大将军李浑有旧怨，于是借此机会，将谶

不要小看谶语的力量，几乎在每个朝代灭亡的时候，都会广泛流行起类似的谶语，而它们都曾有过极大的影响。

语安到了李浑身上，发动嫁到李家的宇文家族成员宇文娥英出面告密称李浑有反心，于是“诛浑、敏（李浑侄）等宗族三十二人，自余无少长，皆徙岭外”。杨广还曾对另一条谶语“萧萧亦复起”也做出了反应，免职了两名姓萧的高官。

杨广以为这样可以保住他的江山，却不知民间情绪被撩拨起来之后，总会自动去应验各种神秘预言，可怕的不是预言本身，而是导致预言流传的社会心理。就算他真得杀尽天下姓李的，民众还是会找到别的预言去相信。

最后取代隋室的确实姓李（李渊），不过这主要还是种巧合。因为在他之前，另外一个姓李的（李密）差一点就先应了谶言呢。何况当时在“李氏当兴”之外，还有一种叫“刘氏主吉”的说法。在唐室初定时，有一些反抗军遗老曾试图因应“刘氏主吉”的谶语，结果被灭掉了。可见谶语只是广告词，真正起作用还是得靠实力。

第四章　来自统治者内部的反叛者

真正撼动大隋根基的变乱发生在大业九年（613年），而且竟然是由一个最不可能发动的人发动的。

从大业六年（610年）开始，山东地区陆陆续续地就出现了不少变民军。不过在政权尚属稳定、统治仍很强力的情况下，这些局部动乱只是偶发性群体事件而已。真正撼动大隋根基的变乱发生在大业九年（613年），而且竟然是由一个最不可能发动的人发动的。

这个最不可能发动变乱的人来自统治者内部，而且身处核心阶层，当时是礼部尚书，名字叫杨玄感。

一、官二代也有掘墓人

杨玄感出身世家，他的父亲杨素是个军事家，也是大隋朝的奠基人之一，而且是两代领导人最亲近、最信任的亲密战友。他亲密到什么程度呢？隋未建立前，他是北周公爵，战功卓著的大将军，以此身份投靠杨坚门下与其结纳，辅助他登上帝位，并在此后隋平陈、抵御突厥等工作中起到相当重要的作用。在文帝执政时期，他观测到杨坚家庭内部的权斗，深谋远虑地站对了队，及时投靠杨广，并在杨广夺嫡，以及此后弑父这样绝密的事情中，他是仅有的几个核心决策者和执行者之一。两朝天子，都以他为重臣，杨广治下位列三公，权倾朝野，满朝上下都是其子弟与门客，“亲戚故吏，布列清显，素之贵盛，近古未闻”。由此可见杨素家在隋之显赫地位。

在杨广夺嫡，以及此后弑父这样绝密的事情中，杨素是仅有的几个核心决策者和执行者之一。（图为《隋炀帝艳史》第三回插图“正储位谋夺太子”）

除此之外，杨素为人残暴。他为隋文帝杨坚督建仁寿宫累死数万人，尸体直接填进地基里，死在路上的则一把火烧掉；他带兵出征，先令一二百人迎敌，败逃则全部斩首，再令二三百人上，不胜则照杀不误。他还贪财货，“营求产业，邸店田宅以千百数，东西京居宅侈丽，家僮数千，姬妾众多”。可以说，他“手上沾满了劳动人民的鲜血”。这样的家庭，按理绝无意愿也无可能与被统治阶层勾兑和解，只能在追随朝廷的路上一条道走到黑。

杨素晚年，受到杨广的猜忌，两人感情基本破裂，不过外表仍表现和谐。杨素患病，杨广甚为关心，不断派御医问病送药，暗地里却打探病情担心他不死。杨素了然此情，知道参与过重大宫廷丑闻的后果，故意不吃药，盼望速死，并跟他弟弟说：“我这样的人

他曾因父荫被派作地方刺史，到任后第一件事，就是派了很多耳目去基层调查，看各级政府官员是否尽心尽职，是否贪赃枉法，调查结果会当众公布，因此当地官吏和百姓都很敬服。由此可见是个比较理想主义的官二代。

难道还想活多久么？！”不久就真的病死了，死时六十二岁。他死后，杨广曾对身边人表示：“也亏杨素这老家伙死得早，否则他早晚被全家抄斩。”不过杨广与杨素之间的恩怨并未影响杨素家其他人的仕途。杨玄感后来仍获得杨广的信任，当他于大业九年（613年）主动申请参与征辽战争的后勤工作时，杨广还甚为感动，当场表示：“将门必出将，相门必出相，果然不假”。并随即让其参与重要朝政。所有迹象都表明他在这个政权中地位崇高、前途广阔，而他竟然反了，这个消息跌掉了所有人的眼镜。

杨素一家是个很有爱的家族，家庭成员之间彼此信任、相敬相爱，杨玄感就是一例。杨玄感是个帅男（——嗯，作为女性作者，一定要把这一点强调一下），“体貌雄伟，美须髯”。小时候有点呆呆的，别人都说他傻，只有父亲杨素支持儿子，每次都正告别人：“我儿子不傻”。还有一个例子是他的叔叔杨约。杨约幼时遭遇意外，造成终生残疾，失去性功能。杨素对这个弟弟一直疼爱，让他生活在自己身边，参与家庭所有重大事件。

不知是否父爱力撑的缘故，杨玄感长大之后果然不傻，而且相当优秀。他酷爱读书，作为武将家庭出身的孩子，也擅长骑射。他很爱文学，“四海知名之士多趋其门”，出身又显贵，因此“有盛名于天下”。他曾因父荫被派作地方刺史，到任后第一件事，就

所有迹象都表明他在这个政权中地位崇高、前途广阔，而他竟然反了，这个消息跌掉了所有人的眼镜。

是派了很多耳目去基层调查，看各级政府官员是否尽心尽职，不论是发现管理有效的还是贪赃枉法的，都会当众公布，因此当地基层官吏和百姓都很敬服他。由此可见，他是个比较理想主义的官二代。

作为一个从富贵乡成长起来的理想主义者，炀帝执政后的诸多举措，杨玄感内心都有看法，只是没有公开表达，而朝廷内所有公开表达的异议都遭到杨广的打击。慢慢见朝纲紊乱、善恶不分，愤世嫉俗的杨玄感开始思考，认为炀帝不是一个有道之君，在无法阻止他的情况下，有必要推翻他，换一个皇帝。大业五年（609 年）杨玄感跟随炀帝征讨吐谷浑的时候，“经大斗拔谷，山路隘险，鱼贯而出，风雪晦冥……士卒冻死者太半，马驴什八九”，见如此场景，愤怒的他就想袭击杨广的行宫，干掉这个没人性的皇帝，但他的叔叔杨约拦住了他：“士心尚一，国未有衅，不可图也”。这是一句很有政治智慧的话——作为朝廷核心成员，杨玄感知道统治者的真相，但其他人还无从了解到，他们看到听到的都是用正义与国家利益包装过的行动理由。哪一个统治者也不会直接说：“我不在乎你们的死活，我就要自己过瘾！”就算他干的都是伤天害理的事，他也会对外解释自己所做的一切都是为了国家为了人民。人们认清它总要有一个过程，而此时上一届政府良政的惯性仍在，人们还会

作为朝廷核心成员，杨玄感知道统治者的真相，但其他人还无从了解到，他们看到听到的都是用正义与国家利益包装过的行动理由。人们认清它总要有一个过程，时机太早的话，你认为你是替天行道，大家却会怪你破坏团结稳定的大好局面。

维护这个政权。时机太早的话，你认为你是替天行道，大家却会怪你破坏团结稳定的大好局面。

二、振臂一呼，从者如云

大业九年（613年），杨广第一次征高丽大败，致死大量士兵和民夫之后，又决定第二次北征。在许多地方，人民已经有怨言，不堪其命，而不少地方已经有零星的反抗组织出现。杨玄感觉得时机到了。

他主动跟炀帝请求说："我家世世代代蒙受国恩，愿作征伐高丽的将领。"炀帝非常高兴，说了"将门必出将，相门必出相，果然不假"那番话后，命令杨玄感在黎阳督运军资，做大军的后方保障——这是一个很重要的位置。等炀帝到了辽东，杨玄感随即开始采取措施。他一方面在后方声称水路盗贼多，故意迟滞漕运，让渡过辽河的各路隋军缺乏军粮，另一方面派人伪装成从海路征辽的来护儿军军史，自东方返回，一路放风说来护儿叛变。同时暗地将在辽东前方的弟弟杨玄纵和杨万石召回，二人偷偷动身逃回，但杨万石跑到高阳时，被监事抓住在涿郡处死。

六月初三，杨玄感进入黎阳城，关闭城门，征召民夫，用帆布制成头盔铠甲，任命官员僚佐，都按隋文帝开皇年间的旧制。他向附近各郡发送文书，以讨伐来护儿为名，命令各郡发兵在黎阳仓集结。杨玄感挑选输送军粮的民夫中身强力壮者五千余人，丹阳、宣城的船夫三千余人，杀三牲誓师，说：“皇帝无道，不体恤百姓，使天下受到骚扰，死在辽东的人数以万计，现在我与你们起兵以拯救百姓于水火，怎么样？”大家都踊跃高呼万岁。

振臂一呼的杨玄感获得了他自己都没有预见到的响应。他从汲郡向南渡河时，投奔他的人多得像赶集一样。他在上春门屯兵，每次誓师时都说：“我身为上柱国，累积的家资巨万，我对于富贵无所求，现在冒着灭族的风险，只是要拯救天下的百姓于水火之中！”得到消息的父老们内心喜悦，争相献上牛、酒，子弟们到杨玄感军营门口请求效力，每天都有上千人。几天内杨玄感就募到了五万人，不久后累积到了十万。

七月十一日，余杭（今浙江杭州）人刘元进起兵响应杨玄感。之前炀帝征发三吴地区的兵去征伐高丽，三吴之兵彼此议论：“往年国家处于全盛时期，我们父兄中出征高丽的人还大半没有回来，如今国家已经疲惫，又要被征召去打仗，我们这辈人就要灭绝了！”因此很多人都逃亡了。郡县官吏四处搜捕这些不肯为国家效命的逃兵，处置非常严厉。走投无路的逃兵们闻知刘元进起兵，都聚集到他的麾下。一个月内，刘元进部众达几万人。杨玄感围困东都时，

振臂一呼的杨玄感每次誓师时都说：“我身为上柱国，累积的家资巨万，我对于富贵无所求，现在冒着灭族的风险，只是要拯救天下的百姓于水火之中！”令杨玄感和朝廷都没有想到的是，高官子弟们竟然也都来响应。

梁郡人韩相国举兵响应。杨玄感任命他为河南道元帅，一月之内韩相国就召集部众十余万人。

令杨玄感和朝廷都没有想到的是高官子弟们竟然也都来响应，上柱国韩擒虎的儿子韩世、观王杨雄的儿子杨恭道、金紫光禄大夫虞世基的儿子虞柔、大将军来护儿的儿子来渊、御史大夫裴蕴的儿子裴爽、大理卿郑善果的儿子郑俨、大将军周罗睺的儿子周仲等四十余人都归降了杨玄感，杨玄感把他们分别安排在重要岗位上。

从最初的情况上看，隋王朝似乎一下子被捅爆了，迅速地显示出一种溃败的局面。不仅反旗一挥无数人投奔，连负责保卫朝廷的人也没有了捍卫它的意愿。杨玄感挥军东都时，东都方面派遣达奚善意率领精兵五千抵抗杨玄感弟弟杨积善带领的部队。达奚善意军不战自溃，铠甲武器都被缴获。裴弘策率军抵挡杨玄挺军，一交战就败走，抛弃了大部分铠甲武器，再战，再败。七月十四日，杨玄挺直抵太阳门，裴弘策只带着十余名骑兵驰马逃入宫城，此外再没有一人返回，全部归降了杨玄感。

与装备精良训练有素的政府军比起来，杨玄感的军队其实只是一支乌合之众，除了士兵都是没有战斗经验的普通农民外，他们的装备也简直不堪一击。隋朝建国后文帝怕起祸乱，早就在民间禁止私藏武器，大业五年（609 年），炀帝更是下令禁止民间使用铁叉、铁钩、铁矛、刀斧之类的器具，以使民众失去与政府抗衡的能力。由于缺乏武器，杨玄感起兵后，士兵都手执单刀，用柳木做盾牌，既没有弓箭，也没有甲胄。不过他们士气很旺，每次作战杨玄感都身先士卒，所向披靡。他还善于安抚部下，因此大家都愿意为他效命，所以最初每次作战大都能取胜。

三、起义之火被扑灭

消息传到辽东前线，正在筹划向高丽发起猛烈进攻的杨广惊了。又听说大官的子弟都在杨玄感那里，越加忧虑。

六月二十八日夜里二更时分，炀帝秘密召集诸将，让他们率军撤退。所有的军资器械、攻城用具堆积如山，营垒、帐幕，都原地不动，遗弃而去。隋军人人惊惶恐惧，军队部署已乱，各路兵马分离涣散。高丽方面对这种情况很快就觉察到了，但闹不清状况，不敢出去，只是在城内击鼓呐喊。到第二天中午时高丽方面才渐渐地派兵出城，四处远近地侦察，但仍然怀疑隋军的撤退是使诈。过了两天，高丽人才基本放下心来，出动几千名士兵在隋军后面追踪，但仍然畏惧隋军人多，不敢逼近，两军常常相隔八九十里。快到辽水时，高丽人得知炀帝车驾已经渡过了辽水，才敢逼近隋军后部，当时隋军后部还有几万人，高丽军队就包抄袭击隋军，最后有几千名隋军老弱士兵被杀死。

从海路讨伐高丽的大将来护儿率军到达东莱，闻知杨玄感围困东都，立即自作主张回师救援。炀帝得知非常高兴，致信说："你回师之时，就是我下令让你回师之日，君臣意见相吻合，非常默契。"

征辽部队回来后，局面立即发生了转折。毕竟是正规军，精锐部队，又有多名身经百战的职业军官大将来指挥，这不是临时凑起来的变民军和从未真正打过仗的杨玄感等人能比的。

杨玄感一路向西，几个重要城市都没能攻下。当他前进到阌乡县（今河南灵宝），宇文述、卫文升、来护儿、屈突通等各路军队在皇天原追上了他。杨玄感率军摆开战阵，连绵五十里，且战且走，一天之内三次被击败。八月初一，杨玄感在董杜原列阵，各路官军一起进攻杨玄感，杨玄感大败，仅率十余骑逃往上洛。追击的骑兵追上了杨玄感，杨玄感喝斥追兵，这些人都转身退去。杨玄感逃到了葭芦戍，和他弟弟杨积善徒步逃跑，他自知不能幸免，就对杨积善说："我不能忍受别人的侮辱，你杀了我吧！"杨积善抽刀将杨玄感杀死，又用刀自杀，但未死，被追兵抓住，将他和杨玄感的首级一并送往炀帝的行营。"杨玄感之乱"就这样结束了，前后历时仅两个月。

四、注定的失败

杨玄感失败的原因，战术上和战略上都有。在他起兵之初，他儿时至交、智囊李密给他指引了几个前进的方向："天子出征，远在辽外，就是距幽州也还有千里之遥，南面有大海，北面有强大的胡人，中间夹着一条道，按理来说是极其险恶的。您率兵出其不意，长驱入蓟，据守临渝关的险要，扼住这条路的咽喉，征伐高丽的隋军归路便被切断，高丽人知道了，必然追踪于隋军之后。不出一个月，隋军的军资粮秣都消耗殆尽，隋军不是投降就是溃散，皇帝就可以不战而擒了。这是上计。关中之地四面都有要塞屏障，是天府之国，虽然有卫文升守卫，但他不足为虑，如今您统帅部众向西击鼓进军，经过城池不要攻取，直取长安，招收长安的豪杰之士，抚慰长安的士民，凭借险要据守长安，天子虽然从高丽返回，但失掉了根本之地，我们就可以慢慢进取了。这是中计。下计是挑选精锐士卒，昼夜兼程，袭取东都，借以号令四方。但恐怕东都事先进行了固守的准备，要是率兵进攻东都，百日内攻城不下，全国各地的军队四面八方地到来，其结果就不是我所能预料的了。"杨玄感说："不对。如今文武百官的家属都在东都，要是先攻取东都，就足以扰乱百官们的心。而且，如果经过城池却不攻取，怎能显示我军的威风？你的下策，正是我的上策。”后来的事实证明，情形果然如李密所料。围洛阳久攻不克，一个月后大军赶回，对他形成夹击之势，而后面的政府军增援部队仍在不断赶来。

本来此后还有挽回的机会，投奔他的大将李子雄建议他：“救援东都的军队到的越来越多，我军几次被打败，不可久留此地，不如直入关中，打开永丰仓赈济贫苦百姓，三辅之地就可以挥手而定了。我们据有府库，向东争夺天下，这也可以成就霸王之业。”杨玄感依计而行，却在路上上了隋军的当，被牵制在弘农。李密提醒他，他也不听，最终失去了时机，导致与对方主力相遇而失败。

杨玄感缺乏大的谋略，在最初人民蜂起响应的时候又错误地估计了形势，低估了对手的力量，这确实是他失败的极为重要的原因。但抛开这一点，他能否成功也很难说。因为在他举事的时候，虽然群众怨气已经很大，他一号召就能有共鸣，但军队仍然被牢牢地控制在政府手中，对炀帝无限效忠。体制仍然高效，一声命令就能自动反应。这也是民变蜂起炀帝一直不做反应的原因。炀帝从高丽赶回的时候曾经问计于太史令庾质：“杨玄感能够成功吗？”庾质回答：“杨玄感的地位势力虽然很高很强大，但他平时没有声望，他想凭借百姓的劳苦，希望侥幸成功，但如今天下一统，不是容易动摇的。”这话指明了当时的局面：在政权内部瓦解得还不够的时候，

> 在他举事的时候，虽然群众怨气已经很大，他一号召就能有共鸣，但军队仍然被牢牢地控制在政府手中，对炀帝无限效忠。体制仍然高效，一声命令就能自动反应。在政权内部瓦解得还不够的时候，光有百姓是不行的。

光有百姓是不行的。杨玄感之败，几乎早已注定。

五、先驱者的结局

杨玄感的尸首被送到东都后，愤怒的杨广将其尸首处以车裂之刑，在东都闹市陈尸三天，又将尸首剁碎焚烧。杨玄感的弟弟杨玄奖是义阳太守，他要去投奔杨玄感，被郡丞周旋玉杀死；杨仁行是朝请大夫，在长安被处死。举兵响应杨玄感的韩相国，兵到襄城时闻知杨玄感兵败，部众开始涣散，韩相国被官府抓获处死，首级被送到东都。司农卿赵元淑因是杨玄感的党羽而获罪被杀。

杨广派大理卿郑善果、御史大夫裴蕴、刑部侍郎骨仪与东都留守樊子盖追究杨玄感的党羽。杨广对裴蕴说："杨玄感振臂一呼就有十万人响应，我越发知道天下的人不必多，人一多就相聚为盗。若不把这些人完全杀干净，就不能惩戒后人。"樊子盖性情本来就残忍，裴蕴又秉承了炀帝的这个旨意，因此，二人用严刑惩治杨玄感的党羽，处死了三万余人，家产全部没收，其中冤死的人占大半，流放发配边地的有六千余人。杨玄感围困东都时曾开仓赈济百姓，凡是接受过赈济粮米的百姓都被坑杀在东都城南。与杨玄感有交情的文士会稽人虞绰、琅邪人王胄都获罪发配边地。虞绰、王胄逃亡，后被官府抓住处死。

杨玄感起兵时得到内史舍人韦福嗣，十分信任他，让他筹划计谋、撰写檄文。而他一直首鼠两端，做事给自己留后路。杨玄感刚带兵西进，他就到东都自首，指望自己的效忠可以换回谅解。但政府军胜利后，樊子盖收缴了杨玄感的文件档案，得到韦福嗣起草的给樊子盖的信件，就封好呈送给炀帝。炀帝看到后命令将韦福嗣押起来送到自己的行宫。李密逃亡，被人抓住，也随韦福嗣一路解送东都。樊子盖将韦福嗣、李密及杨积善、王仲伯等十余人上了枷锁，押送到高阳。李密与王仲伯等人暗中策划逃跑，他们拿出所有的金子给使者看，说："我们死的时候，这些金子都留给您，请您用来埋葬我们，其余的都给您以报答恩德"。使者贪图金子，就答应了，对李密等人的看守渐渐松懈。李密请人买来酒食，每次宴饮，都要喧哗吵闹一夜，久之使者不以为意。走到魏郡石梁驿，李密等人把看守的人都灌醉，凿穿墙壁逃跑。跑的时候，李密叫韦福嗣一同走，韦福嗣说："我没罪，天子不过是当面责骂我罢了"。没想到，到了高阳，炀帝将韦福嗣起草的信件给韦福嗣看，并将他交付大理寺。十二月十五日，宇文述把所有抓到的杨玄感党人绑在木格上，用车轮括住受刑者的脖子，让九品以上的文武官员都手持兵器砍杀射击。射在受刑者身上的乱箭如同刺猬毛一样，受刑者肢体破碎，

图为《隋唐演义》中描绘李密、韦福嗣等醉翻使者，凿墙逃跑的场景。

仍然括在车轮里。杨积善和韦福嗣再被处以车裂之刑，处死后将尸体焚化扬灰。中间杨积善受刑不过，恳求说自己亲手杀死了杨玄感，期望能免死。炀帝说："他不过是枭一类的动物罢了！"就将杨积善的姓改为枭氏。

兵部侍郎斛斯政平时就和杨玄感交情很好，杨玄感谋反，斛斯政曾与他一起谋划，杨玄纵兄弟逃回内地是斛斯政暗地送他们回去的。炀帝回兵前，斛斯政逃跑投奔了高丽，第三次征辽时高丽将其送还隋军，大业十年（614 年）冬天，杨广用杀杨积善等人的酷刑杀死斛斯政，并将其尸体上的肉割下煮熟，令百官吞食，然后将骨骸焚烧扬灰。

> 杨玄感是秦始皇建立了这个中央集权体制以来，少有的来自于统治阶层内部的、不是以争权夺利为目的、而是想拯救黎民苍生的反抗者。

六、开启造反之门

杨玄感起义的结局是很惨烈的。他全家被屠，父亲被挖坟扬灰，跟随他的人，甚至沾上边的人大都付出了生命的代价。在这场仅以一腔义愤和几乎赤手空拳对抗强大体制的战斗中，看起来体制完胜，但实际上起义者虽死，他们却在长远范围内取得了胜利。

杨玄感是秦始皇建立了这个中央集权体制以来，少有的来自于统治阶层内部的、不是以争权夺利为目的、而是想拯救黎民苍生的反抗者。他确实有过称王称帝的一闪念，围东都时，李子雄劝他赶快称帝，他征求李密的意见，李密说："从前陈胜打算自己称王，张耳规劝却被排斥在外，魏武帝曹操打算谋求加赐九锡，荀彧劝他却被诛杀。如今我打算直言规劝，却恐怕落得张耳、荀彧二人的下场。但是阿谀奉承迎逢上意，又不是我的本意。为什么呢？自从我们起兵以来，虽然屡次取胜，但郡县一级的官员却无人响应。东都的防卫力量还很强大，全国各地的援军到的越来越多，您应当挺身奋力作战，早早平定关中。可您却急于称帝，为什么让人看到您那么狭

杨玄感之乱的这两个月，彻底改变了隋朝。这之前，是一个威权统治的社会；这之后，天下进入大乱之局，各种人都渐次登场了。

隘呢？”杨玄感听后笑了，称帝之事就作罢。在那个年代，换皇帝、当皇帝是改变社会唯一的路，不要指望古人能有更先进的脑袋，能不急吼吼地称王称帝过人上人的瘾，就已经是有很高尚的思想境界了。

他的出身和他的目的，使得杨玄感成为最合适的启蒙者。在起兵期间，他的号召，他发布的檄文，都让百姓明白了这个政权的本质，再不明真相的人也知道了皇帝的新衣是真没穿衣服，而不是自己傻，看不到。他振臂一呼就应者云集，让百姓知道了和自己同样想法的人有多多，自己不是孤单一个，人数给自己增添了力量。他带领变民组成的队伍进攻，政府军竟然节节溃败，让百姓知道强大的政权也有脆弱的一面，也不是无坚不摧的，从此消除了对强大体制的畏惧感。他以高官厚禄决绝于政权，而同时又有大批政府官员和高官子弟应和他，让百姓知道体制内也有裂缝，不是铁板一块，而且裂缝还有扩大的趋势。

杨玄感起义虽被扑灭，但它留下了很多“革命火种”，李密、房玄藻、刘元进等此后都加入了新的变民队伍，后来的好几支起义军，都多多少少与杨玄感之乱有一些联系。

杨玄感造反的消息传到辽东时，杨广曾与纳言苏威讨论此事，他说：“这个孩子很聪明，恐怕要成为祸患了。”苏威说：“能辨别是非、判断成败的人才可以说是聪明。杨玄感为人粗疏，不必为他谋反而忧患。可怕的是，他揭起了大乱的序幕。”苏威判断得没错，杨玄感之乱的这两个月，彻底改变了隋朝。这之前，是一个威权统治的社会；这之后，天下进入大乱之局，各种人都渐次登场了。

第五章　革命家李密

李密是杨玄感之乱留下的最重要的成果。虽生活在一千五百多年前的封建王朝，但他的所作所为，完全符合二十世纪对“革命家”的定义。

李密是杨玄感之乱留下的最重要的成果。虽生活在一千五百多年前的封建王朝，但他的所作所为，完全符合二十世纪对“革命家”的定义。他的一生不长，前半生都是个理想青年，本来也没什么理由投身革命，是杨广的统治给了他这样的机会。从杨玄感起兵造反开始，他的命运被彻底改变了，他真正的人生浓缩在这之后的六年里。

一、一个有志青年

李密虽未像杨玄感一般大富大贵，但也是出身于贵族家庭。他祖上就封公封爵，父亲是北周和隋的名将，封上柱国、蒲山郡公。父死后李密袭爵，也入选皇家亲军，做炀帝的近身侍卫。和杨玄感一样，他也属于富贵家庭的叛逆者，从小就“才兼文武，志气雄远，常以济物为己任”，既不喜欢发财也不谋求升官，而是有着匡世济民的理想。他袭爵之后，就“散家产，周赡亲故，养客礼贤，无所爱吝”。

除了视金钱如粪土，李密在私生活上也很严谨。史书中关于他婚姻的记载一共两次，一次是在逃命路上，娶了收留他的好心人的妹妹，但很快新妇就被追兵杀死。另一次是他降唐后，唐高祖李

> 对统治者无所求的人都是统治者害怕的人

渊把自己的表妹许配给了他，这一次是很快他被杀死了。考虑到古人结婚都早，他在参加革命前应该也会有过家室，不过自他参加起义开始，他的家室就在史书中消失了。此外再无关于个人生活的记录，就连亲戚之间的交往都只有一次，看样子是全身心献给革命事业了。

对统治者无所求的人都是统治者害怕的人。他在炀帝手下当差时，就曾被炀帝注意到，炀帝对宇文述说："在左翊卫的那个黑皮肤的小孩，看起来有点问题，不要让他宿卫！"于是他就被下岗了。下岗后他摒绝了应酬来往，专心读书，求学于国子助教包恺，是其门下最优秀的学生。关于李密的长相，史书中除提到他皮肤黑外，还说他"额锐角方，瞳子黑白明澈"。看来按照当时的标准他不是美男，否则书中不会不提。不过这倒没什么遗憾的，因为按当时的审美标准，美男都是"容貌魁岸，腰带十围"那样的类型。这样的美法，今天的人们还真消受不了。

这个胸怀大志的人是杨玄感最好的朋友，他们俩的友谊来自于杨的父亲。一次李密在路上边坐牛车边捧着一册《汉书》读，恰好被杨玄感的父亲、当朝内史令杨素遇到。那时候读书人本身就少，这种痴迷到边走边读的人就更不寻常。杨素骑马跟在李密后边很久，搭讪后把李密召到自己家中和他交谈，谈后大感兴奋。他对儿子杨玄感说："李密有如此的见识气度，你们都不如他！"杨玄感和李密因此结为至交。

杨玄感曾在私下问过李密："隋早晚有一天会出问题，天下真的大乱的话，你我谁更有本事匡正？"李密回答说："要是在两军阵前交战，大声喝喊，使敌人震惊慑服，我不如您；要是指挥天下贤士俊杰各自施展才能，您不如我。"后来杨玄感举事，特地派人去大兴城叫李密来跟他一起干，一见面就对李密说："你常常以拯救百姓为己任，现在是时候了！"

二、从逃犯到反贼

杨玄感起义失败后，李密被抓，路上靠行贿看守找到机会逃亡，此后他经历了一生中最为穷困绝望的一段时光。

从隋军手中逃出后，家是不能回了，亲故也不敢找，到处都是搜捕他的通缉令，他从此退出了主流社会，只能与山贼为伍。李密先后投奔了据山为王的郝孝德和王薄，可惜二者虽然肯接纳他，却根本没拿他当回事，连顿饱饭都不给，有一段时间里，他困顿到剥树皮为生的地步。没办法他只好继续流落，在淮阳郡一个小村里安顿下来，改名换姓，以教书为业。命运多舛前途无望，他在隐居当中不由得写了首诗："金凤荡初节，玉露凋晚林。此夕穷途士，空轸郁陶心。眺听良多感，慷慨独沾襟。沾襟何所为？怅然怀古意。秦俗犹未平，汉道将何冀！樊哙市井徒，萧何刀笔吏。一朝时运合，万古传名器。寄言世上雄，虚生真可愧。"诗成放声大哭。一个觉悟高的村民发现了这首"反诗"，偷偷告了官。官兵赶来搜捕，幸好他跑得快，及时逃离，投奔到他的妹夫、雍丘县令丘君明家。丘君明不敢收留李密，把他藏到游侠王秀才家，王秀才看重他的才能和人品，将自己的女儿嫁给了他——这是史书中第一次提到他的婚姻生活。

没想到，丘君明的堂侄丘怀义向官府告发了这件事，消息立刻火速传递到大内。炀帝命令丘怀义亲自把敕书送交梁郡通守杨汪，让他去收捕这个朝廷重犯以及胆敢收留他的逆贼。杨汪派兵包围了王秀才家，正好当时李密外出，再次得以幸免，而丘君明、王秀才和李密的新婚妻子都被官府处死。

再也无处可投奔的李密只好继续在山贼间往来。他拜访了外黄人王当仁，济阳人王伯当，韦城人周文举，雍丘人李公逸，瓦岗寨的翟让，给他们讲解如何夺取天下。这些山贼纷纷嘲笑他，认为他是异想天开——夺取天下哪里是我辈人可想的？我们还是干山贼这份有前途的事业比较好。但架不住李密有耐性，苦口婆心地做启蒙工作，终于赢得了这些山贼的信任，大家纷纷说：“此人是公卿子弟，有这样的志气、抱负，现在人们都说杨氏将灭，李氏将兴，据说能成王业的人不会死，此人多次能渡过难关，难道他就是将成帝业的李姓人吗？”于是慢慢心悦诚服。李密观察各部统帅，只有翟让势力最强，大业十二年（616年），他投靠了翟让。

翟让是东都的法曹，因为犯罪该当被处死。狱吏认为翟让骁勇不寻常，于是在夜里悄悄对翟让说：“翟法司，天时人事，也许是可以预料的，哪能在监狱里等死呢？”当即给翟让打开枷锁将他放走。翟让逃亡到瓦岗寨，做了山贼，以“劫公私船取物”求生存，投靠他的有一万多人。他手下一个单雄信，一个徐世勣，都是骁勇而又忠诚的大将。

为了提高自己在瓦岗寨的地位，建立自己的势力，李密还是采取了一些手段的。

首先是在宣传上。有个叫李玄英的人从东都一路逃来，经过了各部盗贼，自称求访李密，并跟每个帮派都说：“此人当替代隋家坐天下”。别人问他缘故，李玄英说：“近来民间有一叫《桃李章》的歌谣，歌谣唱道：‘桃李子，皇后绕扬州，宛转花园里。勿浪语，谁道许！’‘桃李子’，是说逃亡的人是李氏之子；皇与后都是君主；‘宛转花园里’指的是天子在扬州不会有回来的日子了，将会死无

李密手下尽是骁勇而忠诚的大将。（图为《隋唐演义》中描绘的秦叔宝与单雄信头一次会面的情景。书中说："叔宝隔溪一望，见雄信身高一丈，貌若灵官。"）

葬身之地；'莫浪语，谁道许'是密的意思。"

李玄英这一套是他自发的还是李密安排的不得而知，但贾雄的宣传可以肯定是李密安排的。贾雄是翟让的军师，通晓阴阳占卜，翟让对他言听计从。李密与贾雄结为至交，让贾雄假借占卜之术去劝说翟让。此后翟让问计于贾雄，贾雄就说："您自立为王恐怕未必能成功，要是拥立李密，事情就没有办不成的。"翟让说："像你说的那样，蒲山公（李密的称号）应当自立，为什么他又来投奔我呢？"贾雄回答："有些事是有相互联系的，李密所以来投奔你，是因为将军您姓翟，翟是泽的意思。蒲草非泽则不生，所以他需要将军您。"翟让认为贾雄的话很对，与李密的交情日益密切。

此外是靠业绩说话。原宋城县尉房玄藻曾参与过杨玄感的谋乱，后来改名换姓逃亡，遇见了李密，就跟随李密遍访各部贼帅进行动员工作，回来的时候动员了几百人，加入翟让的营寨。李密还为翟让出建议："如今国内沸腾，百姓不得耕耘，您兵马虽多，但吃粮没有仓储，只靠外出抢掠，常常苦于供给不足，若是旷日持久，加之大敌临头，部众必然会离散，不如先攻取荥阳，休兵取食仓储之粮，待兵强马壮，然后再与他人争夺。"翟让听从了他的意见，攻打荥阳郡各县，大多数县城都被攻破。炀帝调名将张须陀讨伐翟让，翟让此前曾数次败于张须陀，听到张须陀来大为恐惧，打算逃跑。李密设计战法，将张军一举歼灭，张须陀本人在这次战役中阵亡，而在此之前，张须陀一直是攻无不克战无不胜的神话。李密一战成大名，从此翟让就允许李密建立自己的营署，单独统帅自己的部众，号称蒲山公营。

三、内部的分裂

燕雀和鸿鹄是注定无法在一个碗里吃饭的，李密慢慢夺得了瓦岗的首席指挥权，但终究还是跟翟让发生了冲突。

李密是要解救苍生的，而翟让只想占山为王。当初李密投奔翟让的时候，就曾劝他："刘邦、项羽都出身平民而做了帝王。如今上面是皇帝昏庸，下面是百姓怨愤，精锐兵力都在辽东丧失了，突

李密是要解救苍生的，而翟让只想占山为王。（图为《隋唐演义》描绘的瓦岗寨“好汉”劫掠官兵的场景）

厥也断绝了和亲的关系，炀帝还在巡游扬、越一带，丢弃了东都，现在也是刘邦、项羽之辈奋起的机会。以您的雄才大略，兵马的精良，可以席卷东西二京，诛灭暴君，隋氏完全可以灭掉！”这话就把翟让吓了一大跳，他推辞说：“我辈身为群盗，旦夕都在草丛之间偷生，你所说的，不是我辈所能想到的”。

等李密建立了蒲山公营，在瓦岗寨有了一定的决策权时，他再次提出了这个宏大想法：“现在东都空虚，军队平时又都没有训练，留守的越王杨侗年幼，诸位官员政令不一，士民离心。段达、元文都愚昧而无谋略，以我来看，他们不是将军的对手。要是将军能用我的计策，天下可以挥手而定。”“兵法云：‘先发制人，后发制于人。’如今百姓饥馑，洛口仓有很多积存的粮食，离东都有百余里，将军若是亲率大军，轻装前进，掩杀袭击，他们因路远无法救援，事先又无防备，取洛口仓唾手可得，等对方知道消息，我们已经得手了。发放粮食以赈济贫苦的百姓，远近之人谁不归附我们呢？百万之众，一个早晨就可以召集到。我们依恃威信，养精畜锐，以逸待劳，纵然东都派军队来，我们也有防备了。然后，我们就传布檄文号召四方响应，接引豪杰贤士，挑选猛将，推翻隋朝。一起干这件大事业吧！”这话又把翟让吓得不轻，他赶忙往后闪，说：“这是英雄的韬略，不是我所能承担的，我只是听命于您，尽力办事，请您先行进发，我作殿后”。

于是，大业十三年（617年）二月，李密、翟让率领精兵七千人袭击并攻破了兴洛仓，打开粮仓听任百姓取粮，取粮的老弱妇孺，在路上接连不断。朝散大夫时德睿以尉氏县响应李密，前宿城令、文学家祖君彦从昌平去归附李密，此后成为李密的笔杆子。

越王杨侗征步兵、骑兵两万五千人去讨伐李密。当时东都人都以为李密等是饥饿的抢米贼，只是一伙乌合之众，容易击破，争相来应募，国子、太学、四门三馆的学士以及贵胄勋戚都来从军。官军器械完备整齐，衣服鲜艳华美，旌旗钲鼓极为壮观。李密、翟让挑选壮士埋伏在隋军来的路上，大败官军，隋军士卒死伤十之五六，辎重、器械、铠甲全部被李密军缴获，瓦岗军威名大振。于是翟让推举李密为主，给李密上尊号为魏公。赵、魏以南，江、淮以北地区的群盗莫不响应，前来归降的人络绎不绝，李密的部众达到几十万人。先后投入他麾下的名臣名将有：柴孝和、郑颋、裴仁基、秦叔宝、程咬金（后改名为程知节）、罗士信、魏徵，此后又有窦建德、朱粲、徐圆朗等，各地起义军投书归附，李密在各路起义军中确立了盟主地位。

作为杨玄感起义的重要成员，李密在“体制内”有相当的名望与号召力，他兵锋所到之地，很多隋臣隋将归附于他，像柴孝和、郑颋、裴仁基、罗士信等均属此类。李密管理部众纪律严明而又有情义，他自己衣着节俭，获得的钱财都颁赐给了部下，史书中说他“恭俭自励，布衣蔬食，所居之室，积书而已。子女珍玩，一无所取。赈贷贫乏，敬礼宾客”。他部下的士卒很多人被翟让的部众欺辱，但因为李密管束严格，无人敢进行报复。

而翟让人品就要差得多了，他性情残暴而且贪婪。总管崔世枢是李密的部下，翟让把他囚禁在自己的府第里，向他索取钱财，崔世枢恳求翟让，翟让反而加重用刑。翟让召元帅府记室邢义期和他赌博，邢义期有顾虑，翟让就把邢义期打了八十杖。翟让还向左长史房彦藻索贿，说：“你从前攻破汝南时得了很多宝货，只给了魏公，却不给我！魏公是我拥立的，今后事情会怎么变化还不一定呢。”

有了这些摩擦之后，房彦藻觉得隐患很大，他和郑颋一起劝说李密："翟让贪婪而刚愎自用，不行仁义，有目无君长之心，应该早些想办法。"李密说："现在我们的安危还未确定，就相互诛杀，让别的地方的人怎么看呢？"郑颋说："毒蛇螫手，壮士断腕。若他们先得了手，您后悔就晚了。"于是李密听了他们的劝告。

大业十三年（617年）十月十一日，李密摆席请翟让、翟弘及其侄子翟摩侯吃饭。饭前李密拿出良弓，和翟让练习射箭。翟让刚拉满弓，李密安排的人就从背后刀砍翟让，然后将翟弘、翟摩侯、王儒信一并杀死。翟让手下大将徐世勣的脖子被砍伤，单雄信吓得叩头求饶，李密将他释放。事发突然，左右两旁不知情的人都十分惊惧，不知怎么办好。李密大声说："我和大家一同起义兵，本来是要铲除暴虐，但翟让专行暴虐，凌辱众僚属，不分上下尊卑，今天诛杀的只是翟让一家，与各位无关。"他命人扶起徐世勣，亲自为他敷药。随即又独自一人骑马来到翟让的营中，对其部下倍加安抚慰问。于是，李密军内外形势稳定下来，一场暴力冲突被李密以其个人魅力与坦诚消弭于无形。

翟让性情残忍，摩侯性好猜忌，王儒信为人贪婪放纵，所以他们被杀的那天，他们的部下没有人为此而悲痛。理想差异、为人不同，注定李密和翟让之间早晚会有一场火并。但由李密挑起，在这这次火并事变终究还是埋下了背叛的种子。在李密势力强大时，这种子没有发芽；当他大势已去时，这种子迅速结果，直接造成了他的失败。（图为《隋唐演义》描绘的翟让被害时的场景）

样一个局面下发生，却是李密一生中最大的失策。因为，他没有获得足够用来解释其行为合理性的理由。在当时，尚没有迹象显示翟让会对他动手。翟让的手下王儒信曾劝说翟让夺取李密的权力，翟让的哥哥翟弘曾对翟让说：“天子应该自己当，干吗要让给别人！你不作天子，让我来作！”翟让都只是哈哈大笑。他俩之间，谁先动手，谁就背上背信弃义的污点，而李密作为投靠者更是如此。李密该做的，应当是要么设法让翟让主动动手以给自己制造借口，要么找到双赢的方式让两个人和平分手，才足以服众。外围部众是不会理解路线差别和理想不同的，他们需要一个讲得通的符合人情道义的理由来解释。虽然李密事后处理得当，但这次事变终究还是埋下了背叛的种子。在他势力强大时，这种子没有发芽；当他大势已去时，这种子迅速结果，直接造成了他的失败。

四、困斗东都

杨玄感起义时，李密给杨玄感出了上中下三策，上策是北上堵住征辽大军的回路，中策是西去占据关中据险克敌，最下策才是攻击兵强城坚的东都，因为东都难克，拿不下很容易导致腹背受敌。当时，杨玄感没有听从他，选了最下策，结果失败了。

等李密起兵后，投奔他的柴孝和也给他提议了一个对策。柴孝和劝说李密："秦地山川险固，秦、汉正是凭借着它建立帝王之业的。现在不如派翟让守卫洛口，裴仁基守卫回洛，您亲自挑选精锐向西袭击长安，京师既攻下，基业则巩固，兵势则更强盛。然后再挥师向东平定河、洛地区，传布檄文，天下就平定了。如今隋王室已失去了它的基业，天下豪杰竞相逐鹿，您不早些举事，必定有先于我们动手的人，到那时，后悔就来不及了！"此计确为当时的上计，因为瓦岗军当时位居中原，处于东都与江都隋军夹击形势之下，且中原为四战之地，易攻难守，战略上处在被动境地。

但是李密拒绝了他的建议，他说："这的确是上策，我也考虑好久了。但是隋朝的昏君还在，追随他的兵马还很多，我的部下都是潼关以东人士，看到洛阳没有攻下，谁肯跟我向西进军？各位将领都出身草莽盗贼，让他们单独带兵留在这里就会互相争雌雄。这样，大业就会失败。”这一回复被不少史书认为是“顾念仓粟，不遑远略”，是没有进取心的表现。事实上，李密既然能给杨玄感分析得那么通透，怎会自己不明白这个道理。他的顾虑，实在是有其现实原因的。

柴孝和献计时，翟让还未死，李密、翟让当时一山二虎，终有一战，他肯定不能轻举妄动。之后火并发生，翟让虽死，但将士离心，轻离根本则有土崩瓦解的可能。此外，往关中之路地势险阻，又有重兵把守，李渊等大军就在此路上。而东都、江都隋军兵多势强，万一长安久攻不克，后面东都或江都大军追来，也有腹背受敌的危险。

还有一个人也为李密献过计，泰山道士徐洪客给李密写过一封信，他认为：“大批的人马长久地聚在一起，恐怕粮尽人散，出师时间长了，就会厌战，那样就难以取胜获得成功”。他劝李密：“乘着有进取的时机，凭借着军队的锐气，沿运河向东，直取江都擒拿独夫民贼，号令天下。”这是一招好棋，但也是一招险棋，成功率恐怕只有半数，李密也没能实行。

西去不成，南下也不成，李密就一直困斗于东都。从大业十三年（617 年）到十四年（618 年）失败前，他与被派来讨伐变民的江都通守王世充及其江淮精兵反复交战六十余次，互有胜败，李密胜居多。其中最大的两次战役，一次李密差点被杀，柴孝和阵亡，李密战后痛哭；另一次王世充败到十万大军只余他一人，吓得不敢回东都，后被越王杨侗安抚才敢回去。洛阳一度被围紧急，城内缺粮，一斗米价值三千钱，饿死之人十之二三。城里有人生叛心，想与李密里应外合，可惜被发现杀掉，双方又恢复对峙状态。

大业十四年（618 年）三月，宇文化及在江都发动政变，杀掉了隋炀帝，率领十万骁果军北上。由于从政府军变成了反贼，他对东都和李密军都构成了威胁。此时，东都和李密有了同仇敌忾的想法，于是一拍即合。东都留守的越王杨侗（炀帝死后称皇泰主）拜李密为太尉、尚书令、东南道大行台行军元帅、魏国公，命他先平定宇文化及，然后入朝辅佐政事。没有了来自东都方向的后顾之忧，李密便将全部精锐兵力向东攻击宇文化及。李密与宇文军在童山脚下激战数日，李密为流箭所中，秦叔宝继续指挥奋战，宇文军伤亡甚重，部下几万人投降李密。

虽然这场战役以胜利告终，但李密军元气大伤。宇文化及所率领的骁果是隋炀帝第一次征辽失败后特意组建的精锐雇佣军，是大隋有史以来战斗力最强的队伍。在这场战斗中，李密以高超的战术和诡计先行削弱了它的实力，但仍付出了惨重的代价，“劲卒良马多死，士卒疲病”——史书中仅此简略的一句话，不足以让人想象到他的损失，事实上，李密军的骑兵优势在此次战役中几乎消失殆尽。而被他几乎快拖垮的东都守军，却利用这个机会得以喘息。

五、李密之死

东都并不是真的没有与李密和解之心，东都的很多官员，包括皇泰主本人在内，都是对李密的“投诚”欢呼雀跃的。虽然对战日久，但东都大部分官民并不仇恨李密——这可能也是李密之前所作所为产生的号召力造成的，更何况相比宇文化及，李密的形象要正面得多。李密遣使投诚时，东都辅政的主臣元文都对于同李密的和解深感欣慰，认为天下可以平定了，他在上东门摆酒作乐，众多高级官吏都起身舞蹈。皇泰主杨侗赐给李密书信说：“今日以前的事情，全部不论，至于今后，彼此要真诚相待。天下大事，还有待阁下匡救辅助，征伐大权，还委托阁下指挥。”遗憾的是东都此时已不是皇泰主等人做主，真正有实力的是兵权在握的王世充，他虽然屡战屡败，却通过撒娇（指他一次与李密交战，战败只剩下一万人，于是写信给越王杨侗，称人少，后来越王就给了他几万人。详见第142页。）和权术取得了东都全部兵力的控制权，他绝不允许李密进城分他的权力。

李密以如此优秀的履历，又带着这么多的追随者投奔唐，他满以为自己会在唐获得重用，但他想错了——在这方面，他实在是太幼稚了。

李密与宇文化及之战结束后，王世充立即抓住了这个机会，杀了元文都等人，率兵攻打李密。

李密召集各位将领开会商议，裴仁基和魏徵都建议以逸待劳，拖垮已经缺粮但士气正高、兵器正利的王世充军，然后再会战。而陈智略、樊文超、单雄信等人却积极请战，希望借着刚刚挫败宇文化及的锐气一战而成。李密分析敌我优劣，赞同裴仁基、魏徵的观点，但众将领纷纷请战，想打的占十之七八，李密最终采纳了多数人的意见。裴仁基苦苦争辩却不能说服众人，敲地叹息道："阁下以后一定会后悔今天的决定"。

大战开始的第一天，两军苦战整整一天，李密手下猛将十几人都受了重伤。当天夜里，当初火并时埋下的种子迅速开花结果了。李密手下，原翟让党羽邴元真叛变，打开自己负责的洛口城准备放王世充进入。李密得知后，本想将计就计趁王世充军过河过到一半时进攻，但无奈士卒疲惫无法立时集结。王世充把一貌似李密的人绑缚在阵前，命士卒大呼"已获密矣"，瓦岗军一时大溃。关键时刻，翟让原来的亲密战友单雄信等人领兵自保，洛口被邴元真献出，断了李密军的后路，李密只好率手下逃走。大势一去，邴元真、单雄信、裴仁基父子、郑颋等都或主动、或被动投降了王世充，王军俘降李军十余万人。

苦心建立的局面毁于一旦，根据地也丢了，下一步如何打算呢？李密想去徐世勣镇守的黎阳，有人说："杀翟让的时候，徐世勣差点死了，现在咱们失利了去投奔他，怎么能保险呢！"李密想南靠黄河，北守太行，东连黎阳，以此再设法进取。众将都说："现在军队刚失利，大家心中胆怯，如果再停留，恐怕要不了几天人就叛逃光了。而且人情不愿，也难以成功。"李密绝望了，说："我所依靠的就是大家，大家既然不愿意，我没路可走了"，"兵败矣！久苦诸君，我今自刎，请以谢众"。李密说完万念俱灰，拔剑欲死，王伯当一把抱住李密，哭得昏了过去，众人也都伤心落泪。大家商议良久，决计投奔当时已在关中自立的唐皇李渊，跟随李密入关的有两万人。此后又不断有他的部下得到消息后赶来降唐。

李密以如此优秀的履历，又带着这么多的追随者投奔唐，他满以为自己会在唐获得重用，但他想错了——在这方面，他实在是太幼稚了。

唐皇李渊确实高调地欢迎了他，李密快到长安时，李渊接连不断地派人前去迎接慰问，"高祖使迎劳，冠盖相望"。到长安后封他为光禄卿、上柱国，赐他邢国公的爵位，对他以兄弟相称，还把自己的表妹嫁给了他。如果因此认为李渊真把他当亲人那就错了，李渊的政治手腕，远比李密要高明得多。

李渊唱红脸，自有人帮他唱白脸。李密到长安后，负责安置的部门对他们的供应颇差。李密部下的士兵接连几天没饭吃，众人心里颇生怨气。大臣们对他们的态度也非常不好，有些掌权的人还私下向李密索贿。不久赶上大朝会，李密作为光禄卿，要当众进奉食物，他深以为耻。退朝后，他将心里的郁闷告诉了亲密部下王伯当。王伯当也郁郁不乐，对李密说："天下的事情都在您的掌握中。现在东海公徐世勣在黎阳，襄阳公在罗口，黄河以南的兵马还有不少，咱们何必要这样？"

李密决定离开这个让他失望的地方，重回瓦岗，继续革命。他以去山东收复旧部为理由，请求出差，李渊答应了。史书中记载李渊是出于对他的信任而答应的，那才见鬼，如果真的信任就不可能有之前之后的刁难与欲擒故纵了。

李密和王伯当出发了，刚走到稠桑，敕书忽至，让他回长安复命，有新的安排。李密说："敕书派我去山东，又无缘无故召我回去，我现在如果回去，必定被杀。"决定立刻起事。王伯当等人劝阻李密，认为不可起事。李密不听，执意要做。王伯当叹了口气，说："义士的志向，不因存亡而改变。您一定不听，伯当和您一同死就是了，不过恐怕最终也没有用。"

李密和王伯当当场被杀，一代革命家李密就这样结束了他的革命生涯，年仅三十七岁。（图为《隋唐演义》中描绘的李密牺牲时的情景）

大业十四年（618 年）十二月三十日清晨，李密带几十名随从男扮女装偷入桃林县衙，占领县城，驱赶县里百姓直奔南山，凭借险要向东而行，派人骑马通报旧部将张善相接应。李渊派人追杀，熊州行军总管盛彦师埋伏在半路上攻击李密的队伍，李密的部队首尾断绝了联系，相互不能救援，只好硬战，终于落败。李密和王伯当当场被杀，首级都被送回长安。一代革命家李密就这样结束了他的革命生涯，年仅三十七岁。

李密有足够理由认为他应在唐得到至高荣耀，这不仅由于他的优秀履历和他所带的本钱，还因为他给过唐的巨大帮助，以及他认为可以给唐的更大成就。

六、希望与失望

李密有足够理由认为他应在唐得到至高荣耀，这不仅由于他的优秀履历和他所带的本钱，还因为他给过唐的巨大帮助，以及他认为可以给唐的更大成就。

作为隋的手握重兵的敌方将领，李渊一直既被炀帝倚重却同时又被防备，炀帝曾几次怀疑过他的忠诚度，试图加害于他，也一直安插亲信在他身边看着他，防止他有异心。隋之所以一直没有放很大重心在铲除农民起义方面，就是因为需要留着精锐兵力对付像李渊这样的地方大员。这也是李渊在最初一直没敢动作的原因。而瓦岗军的兴起和不断壮大，给了李渊以机会。李密坐镇中原，既牵制了东都的兵力，也阻住了江都重兵北上的道路，给李渊留了一个安全的大后方，让他从容起事，踏踏实实地打仗，一直到占据长安。当宇文化及杀了炀帝北上时，李渊正在西北与薛举苦斗，如果不是李密顶住了宇文军，放宇文军西去，李渊两面受强敌，必定无法取胜，那么所有历史就都要改写了。李密虽非主动，但客观上给唐的兴起与顺利发展提供了保障。唐当然有必要感谢他。

此外，李密本人是个优秀的军事家，这一点在《中国历代军事家》一书中可以找到证据，在这本由中国军事史编写组编纂的文献

图为《凌烟阁功臣图》所绘李密手下的大将徐世勣

中，从隋到唐初之际的军事人才只收入了五人，李密是其中之一。书中称他“在战役指导上，长于情况分析，善于掩袭、迂回、侧击等行动，以少击众，战胜敌人；善于选锋、用锋，且战法上有新意”。如果唐用他，他必有信心继续建立功勋。

再加上他知人善任、善于团结发动群众，有相当出色的管理才能。同时，他还——至少在当时——没有更大的野心。大业十四年（618年）初，在他革命事业最巅峰的时候，窦建德、朱粲、孟海公、徐圆朗等几大山贼团体都派人奉表劝李密称帝，李密属下裴仁基等也上表请正位号。李密当时回答：“东都没有攻克，还谈不上这事。”

他刚刚和东都和解的时候，他的部下抓到了出东都城打柴的国子祭酒、李密曾经的老师徐文远。李密让徐文远朝南坐，自己以弟子的礼节拜徐文远。徐文远说：“老夫不知道将军的志向是不是打算象伊尹、霍光那样扶助朝廷于危难之中？那老夫虽然年迈，仍愿意尽力相助；假如是象王莽、董卓，乘国家危难谋利，那老夫是没什

> 在那个李渊称唐帝、王世充称郑帝、宇文化及称许帝、窦建德称夏帝、阿猫阿狗都称个王称个帝的时代，他作为最有资格称帝的几个人之一，却从来没有这样做过。

么用的！”李密叩头说：“不久前奉了朝廷命令，位列上公，希望竭尽有限的能力，挽救国难，这才是密本来的愿望。”大业十三年（617年）九月，李密在写给泰山道士徐鸿客的书信中，曾明确地表明他反隋的动机和目的，他写道：“孤门承世胄，地藉余绪，平生大志，岂图富贵？只为时逢板荡，代属艰虞，厌海水之群飞，悯苍生之涂炭。便与二三人杰，百万武旅，欲受降于积道，将问罪于商郊……除暴静乱，方称君子，赞我兴运，今也其时”。这话也许有虚伪的成分，但至少，在那个李渊称唐帝，王世充称郑帝，宇文化及称许帝，窦建德称夏帝，阿猫阿狗都称个王称个帝的时代，他作为最有资格称帝的几个人之一，却从来没有这样做过。

李密还是最早打出政治旗号的反政府武装，早在攻克洛口的时候，他就向天下发出檄文，明确表示自己的目的是推翻隋炀帝的反动统治，这是历史上最为著名的几篇檄文之一。檄文中历数炀帝的十罪，最后总结说，“罄南山之竹，书罪无穷；决东海之波，流恶难尽”。檄文一出，“天下震动”，吸引了很多原本没有或尚未下决心的反对者走上反隋道路。当时尚未动手的李渊，其部下刘文静得知此事后，就跟李渊之子李世民说：“今李密长围洛邑，主上流播淮南，大贼连州郡、小盗阻山泽者万数矣，但须真主驱驾取之。诚能应天顺人，举旗大呼，则四海不足定也”。李密也是唯一两家打出政治主张的队伍之一，另一家是梁的遗老遗少萧铣，他打出的旗号是复兴梁国。李渊也曾打出过政治主张，称要废昏主立明君，但考虑到他实际上的心思是改朝换代自己做皇帝，因此他打出的政治口号应该不完全算数。其他的人干脆就根本没有政治主张，只图自救甚至过把瘾就死。

史书中记载过李密的情绪流露。那时中原地区发大水，饿殍遍野。李密夺得洛口，开洛口仓放粮赈灾。因为没有防守和管理的人，取米的人随便取多少；有的人离开粮仓后，拿不动，丢散在街道上，从仓城到外城门，路上的米有几寸厚，被车马践踏；前来要粮吃的各路山贼及家属有近百万人，没有容器，就用荆条编筐淘米，洛水两岸十里范围内，看上去像蒙上一层白沙。李密很高兴，对部下说："这可以称得上是足食了！"李密当然明白这样浪费不好，但看到饥民得救，可算是从一个方面达到救济苍生的理想了。之后他取得黎阳，也是开黎阳仓听任百姓吃粮。一个不贪财不好色也没表现出爱权的人，他的快乐也就在实现理想上了。

有这么多的优势，唐却没有重用他，他可能到死都没明白其中原因。李密降唐又叛唐，有足够证据显示，他是被唐逼反的。首先是他在唐得不到良好的待遇，甚至受侮辱，这显然是李渊特意安排的——在这种体制下，如果他真的是李渊的红人，没有臣僚敢欺

做信任状放其离开，再通过手段逼其造反，给天下人一个交代——“是他负我不是我负他”，这坑挖得还真不是一般的深，表演功底还真不是一般的强。李密当初如果有李渊的手段，也就不至于有与翟让火并的后遗症了。

负他的，他们敢这样做只能是因为奉旨；其次是李渊放他离开却又忽然叫他回去，让他起了疑心。为达到让他疑心的目的，李渊在他走之前，曾做过一番铺垫，他跟李密说：“有人确实坚持不愿让兄弟去，朕以真心对兄弟，不是别人能够离间的”。这番话再加上之后的召回，不是明着告诉李密“我已经被离间了，我不信任你了”吗？李密还敢回去么？！

做信任状放其离开，再通过手段逼其造反，给天下人一个交代——“是他负我不是我负他”，这坑挖得还真不是一般的深，表演功底还真不是一般的强。李密当初如果有李渊的手段，也就不至于留下与翟让火并的后遗症了。

七、事后之事

李密死了，李密的故事却并没有结束。

在李密降唐之后，他原来的部下魏徵也成了唐的大臣，他自告奋勇去招降瓦岗其他成员，这次招降的主要目标是当时仍手握重兵、占据李密原有全部领地、镇守黎阳的徐世勣。徐世勣同意降唐，但对部下郭孝恪说：“这里的百姓和土地，都是魏公（李密）的，我如果上表献百姓献土地，是利用主人的失败，当作自己的功

徐世勣降唐但不失节。图为《隋唐演义》中描绘徐世勣哭李密的情景。

劳求得富贵，我深以为耻。现在应当登记郡县的户口、士兵及马匹的数目，上报魏公，由他自己献上。”于是派遣郭孝恪到长安。李渊听说徐世勣的使者到长安，没有奉表，只有书信给李密，非常奇怪。郭孝恪陈述了徐世勣的意思，李渊感叹道：“徐世勣不违背道德，不希求功劳，真是个好臣子呀！”于是赐他姓李，仍让他镇守黎阳，徐世勣此后以李世勣行于天下，李世民登基后为避其名讳，又改名李勣。

李密被杀后，李渊派使节把李密的首级送到黎阳，告诉他李密反叛的情况。李世勣当场伏地行礼，嚎啕恸哭，上表请求收葬李密。李渊将李密的尸首送给李世勣，李世勣以君臣的礼节为李密办了一场隆重的丧事，备办了仪卫，全军两万多人披麻戴孝，将李密埋

他对如此众多的人产生了如此深远的影响，得到了如此众多人的心，李渊怎么会信得过他，容得下他呢？留他如何保证自己的形象最英明、最伟大呢？李密被逼反，被杀死，实在是太优秀的结果。

葬在黎阳山之南。李密平日素得军心，出殡当天，军中很多人哭到吐血。

李密死后的第二年，也就是唐朝的武德二年（619 年），李密故将杜才干自称要率众投降已经称了郑帝的王世充，并与老熟人、靠出卖李密做到郑国滑州行台仆射的邴元真取得了联系。邴元真兴冲冲地前往濮州招慰，杜才干热情地将其迎进门就坐，忽然翻脸，令人捉拿住邴元真，斥责道："你本来是个庸才，魏公（李密）给了你很高的职位，你不曾建立一点功劳，却构成了滔天大祸，如今来此送死，正是你应得的下场！"于是斩了邴元真，派人带着邴元真的首级到黎阳祭奠李密墓，之后降唐。

李密的部下郑颋，在李密、王世充两军大战之后不得已投降了王世充，但始终不愿做王世充的官，被王世充硬授予御史大夫的职位。他请求削发为僧，王世充不准，他于是对妻子说："我自幼为官，一心向往名誉节操，不幸遭遇乱世，落到如此地步，身处这互相猜忌的朝廷，立足于危亡的国家，而智力有限，无法保全自身。人生在世总有一死，早晚又有什么差别，姑且遂了我的心愿，死了也没有什么可遗憾的。"然后剃发穿上僧服。王世充闻讯大怒，将其在闹市中斩首。郑颋临刑前谈笑自如。

裴仁基父子在郑国密谋暗杀王世充，事情泄露双双被杀。

图为《凌烟阁功臣图》所绘李密爱将程知节（程咬金）像。

李密爱将程知节、秦叔宝也在那场大战时投降王世充，但后来找到机会，阵前逃跑，降了唐。

李密曾经的谋士魏徵，在后来的唐朝主持编纂隋朝历史《隋书》，书中以专文为李密做传，中间无一字污言。

李密革命事业未成，但革命火种传递不绝。他对如此众多的人产生了如此深远的影响，得到了如此众多人的心，李渊怎么会信得过他，容得下他呢？留他如何保证自己的形象最英明、最伟大呢？李密被逼反，被杀死，实在是太优秀的结果。

《新唐书•李密传》的作者宋祁在结尾这样评价李密："赞曰：或称密似项羽，非也。羽兴五年霸天下，密连兵数十百战不能取东都。始玄感乱，密首劝取关中；及自立，亦不能鼓而西，宜其亡也。然礼贤得士，乃田横徒欤，贤陈涉远矣！噫，使密不为叛，其才雄亦不可容于时云。"但是，项羽怎么能跟李密相比？项羽不过是一个梦想当老大，有朝一日衣锦还乡的土包子罢了，他虽然对部下很好，对普通百姓却视若草芥，数次拿下城池后屠城，男女老幼一个不留。田横也不足以形容李密，将李密与田横相比，太看低他的志向了。宋祁的这些评价，是站在一个“人人都想当老大”的价值基础上去评价的，这种价值观无法理解李密的境界，也只有那句“使密不为叛，其才雄亦不可容于时云”才算是说到了点儿上。

唐不敢留李密，但留下了李密的许多故将。这其中不少人成为唐的名臣名将，记载“建唐伟业”的“凌烟阁二十四功臣”中，魏徵、张亮、程知节、李世勣、秦叔宝都曾是他的班底。

第六章　农民窦建德

窦建德军是唯一一支纯正的农民起义军，它无论在组织构成、人员出身、起义原因，还是在思考方式、价值观念上，都是标准的农民。

在隋末铺天盖地、此起彼伏的反政府力量中，真正达到一定规模、影响了政局的只有几支，他们是：关内的李渊军、东都的王世充军、山东的李密军、河北的窦建德军，再加上一个转瞬即逝的宇文化及军。这几支力量中，窦建德军是唯一一支纯正的农民起义军，它无论在组织构成、人员出身、起义原因，还是在思考方式、价值观念上，都是标准的农民。而它之所以能成如此气候，主要还是因为运气好。

一、出身草莽的农民英雄

窦建德是漳南（今河北故城县东）人，世代为农，家境小富。他胆量和膂力超过常人，喜欢行侠仗义。史书里记载了两件他年少时的义举：有一次他正在耕田，听到村里一个人哭诉家里死了人，穷得没钱安葬。他叹息一声，当场把牛送给了那位乡亲。隋唐时候很多地区民风并不淳朴，外村饥荒都少有人肯帮忙，人人都以自保为上，因此村里人都为他这个举动感到诧异。还有一次，有几个盗贼半夜到他家入室抢劫，没想到窦建德就藏在门内，盗贼刚进来，他一举杀死三个人，其余的贼吓得不敢再进，求他把同伙尸首扔出来。这时，窦建德说："你们扔进绳子来，我把尸首系上你们拉出去。”贼把绳子扔进来，窦建德把自己系在绳上，假装成尸首，等贼把他拽出门后，他忽然跳起来，抓起刀又杀数人，于是在地方出了大名。从这两件记录中可以看出很多东西，一是即便在窦建德年轻时也就是隋文帝时代，漳南也穷到有人贫无以葬的地步，有耕牛就可以称得上小富之家了——而这已是隋时生产最先进、经济最发达的地区；二是即使那么穷，当地人也没有互相扶助的习惯，生死贫贱都靠自己，因此能加入“组织”会有很高的吸引力；三是当地治安实在太差，竟然会在和平时期、盛世之朝发生多人持刀入室抢劫；四是窦建德这些人的武功显然是自学成才，而不像杨玄感、李密那样有机会受系统训练——这就是山东地区诸多农民起义军的社会背景。

窦建德当过里长，犯过法，逃亡过，后来赶上大赦才回来。综合他前后的经历，可以称得上“黑白两道都有人”。后来他父亲去世，办丧事的时候竟自发来了千余乡亲送葬，但窦建德仗义，乡亲们给的礼钱礼物都没有接受。

大业七年（611年），政府招募壮士远征高丽，窦建德以骁勇受到重视，被任命为二百人长。同县的孙安祖也被挑选为征士，孙安祖以家被水淹没、妻子饿死为由试图逃避——这理由并不是他编出来的，而是实际发生了，那年秋天，黄河下游发大水，漂没四十余郡，数十万人无家可归。但他的遭遇如此凄惨也还是没能拦住官府逼征的急迫。县令发怒，鞭打孙安祖，孙安祖无奈刺杀了县令，逃到窦建德家，窦建德把他藏起来。官军追捕孙安祖，循踪觅迹追到窦建德家。窦建德对孙安祖说："文帝时，国家富庶强盛，征发百万之众去讨伐高丽，尚且被打败（文帝时也征过一次高丽的，由杨广的弟弟汉王杨谅带兵，未到高丽就因遇大风，船多沉没造成很大伤亡，无功而返）。如今水涝成灾，百姓穷困，加上过去西征吐谷浑，去的人没能回来，国家的疮痍尚未平复，皇上不知体恤百姓饥苦，仍然要发兵亲自征讨高丽，天下必定大乱。大丈夫不死，应当建立功业，怎么能只作逃奴呢！"于是暗中召集了同样境遇的少年几百人，让孙安祖率领进入高鸡泊中作盗贼，孙安祖自称将军。高鸡泊在漳南附近，宽广数百里，港汊交错，芦苇丛生，是个易守难攻的地方。

这一年，山东地区（今河北、山东两省）大水成灾，很多人因灾致穷，饥馑遍地。而炀帝正在进行他轰轰烈烈的征辽计划，山东诸郡是重点征募地区。政府拉壮丁很急，各郡县催缴税收也更加紧迫，山东地区已出现大乱的先兆。清河鄃县（今山东省夏津县，位于高唐县西北）人张金称在河曲聚众；信都蓨县（今河北景县）人高士达在清河境内聚众，二者都在高鸡泊附近。由于窦建德与"黑道”的关系，这些山贼团伙抢劫的时候都躲开窦建德家所在的村子。

负责调查和清剿反贼的郡县官吏根据这种情况，怀疑窦建德与盗贼来往，把他的家属都抓起来杀掉了，这逼得本想在白道上混的窦建德只得下海为盗。他率领部下二百人逃奔高士达，高士达自称东海公，任命窦建德为司兵。当时正值大业七年（611 年）年末，窦建德三十九岁。不久，孙安祖被张金称杀死，孙安祖的部众都投奔了窦建德，使他的兵力一下儿就达到一万余人。窦建德能够尽心竭力地待人接物，与士卒同甘共苦，因此人们都争相归附于他，甘愿为他效命。

正是由于隋炀帝对普通农民的忽视，才造成山东地区民不聊生、盗匪成灾；同时也是由于隋炀帝对他们的忽视，才让窦建德、高士达等农民起义组织成立之后就安然发展壮大，好几年内都没遇到什么阻力。从大业七年（611 年）到大业十一年（615 年），隋炀帝把工作重心都放在了征高丽、内部清洗和北巡上，对山东地区如火如荼的革命势头置若罔闻。他的近臣们投其所好，也纷纷粉饰太平，称只是小有盗匪，不日即可荡平。直到大业十二年（616 年），炀帝才从自我麻醉中清醒过来，逐渐认识到问题的严重性，开始调整军事部署，将主力移往山东、河北，进行真正有效的镇压，张金称等队伍就在这次镇压当中被除掉。

杨广是个喜欢猜忌的人，他对手下官员的防备比对只是百姓出身的反贼更高。而且由于他一直不肯承认自己的统治出现问题，不肯听盛世中出现反贼的消息，属下们就总是瞒报。

二、窦建德的好运气

凭着自学成才的武功与兵法，窦建德一路发展过来，他幸运地几乎躲过了所有的猛将和硬仗。

他的第一场胜利来自于狡黠。大业十二年（616年）冬，涿郡通守郭绚率领一万余人讨伐高士达。这是高士达部自建立以来，遇到的第一支真正有实力的军事武装。高士达自认为才能谋略不如窦建德，于是就提拔窦建德为军司马，并把兵权交给了他。窦建德请高士达看守辎重，自己挑选精兵七千人抗击郭绚。他假称与高士达有矛盾而背叛了他，派人向郭绚请求投降，表示愿作郭绚的前锋，进攻高士达来立功赎罪。为给他做配合，高士达抓了一个农妇，对外声称是窦建德的妻子，公开杀掉。这令郭绚相信了窦建德，率兵跟随窦建德到长河县。窦建德突然袭击郭绚，杀获几千人，斩郭绚的首级献给高士达。

他遇到的第一个猛将是杨义臣。杨义臣是隋朝名将，曾经破过突厥，参与过剿灭汉王杨谅的造反，从征过吐谷浑和高丽，是隋炀帝末期仅有的几个值得倚重的大将之一。大业十二年，他受命镇压河北地区的叛乱，第一战就擒杀了张金称，随后挥师向高鸡泊而来。

窦建德知道杨义臣的厉害，劝高士达避开。可高士达不听，他留下窦建德守营，自己率领精兵迎击杨义臣，一战还算幸运地取得了小胜。他觉得杨义臣不过如此，就与大家纵酒畅饮。窦建德听到后说："东海公未能将敌打败就骄傲自大，灾祸不久就要到了。"五天后，杨义臣大破高士达，在阵前将高士达杀死，并乘胜追击，直逼营地。营中的守军都溃散奔逃，窦建德和仅有的百余骑兵逃走。不过杨义臣杀死了高士达，认为窦建德已不足为患，就率兵离去。窦建德返回平原，搜罗高士达所部的散兵，寻找安葬死者，为高士达发丧，军威重振。窦建德自称将军。

本来如果杨义臣及时发现"余寇未尽"再回来的话，窦建德就算已经集结了部队也还是顶不住的，但隋炀帝杨广帮他解决了这个麻烦。杨广是个喜欢猜忌的人，他对手下官员的防备比对只是百姓出身的反贼更高。而且由于他一直不肯承认自己的统治出现问题，不肯听盛世中出现反贼的消息，属下们就总是瞒报。以至于当杨义臣剿灭十万叛匪的捷报传至中央时，杨广在高兴之余产生的却是怀疑。他叹息说："我从未听说有盗匪，怎么忽然有这么多？"内史侍郎虞世基了解他的心思，回答说："小股盗匪虽然多，但用不着挂心。杨义臣已经把他们荡平，现在他手握重兵，长久在京师外，恐怕对国家没有裨益。"杨广说："你说得对！"然后立即命杨义臣班师，遣回所有军队。没想到这一下反倒是救了窦建德一命。

窦建德打的第二场胜仗是靠老天帮忙。大业十三年（617 年）七月，因为瓦岗军的势力扩张很快，炀帝下诏命左御卫大将军、涿郡留守薛世雄率领精兵三万讨伐李密，王世充等将领都受薛世雄指挥，沿途所遇见的盗贼，可以随便诛杀。当时窦建德已在河间郡乐寿县称夏王，并设置了百官。薛世雄南下，走到河间，在七里井驻军，已接近窦建德军所在地。窦建德的部众惊惶恐惧，从占领的各城池中撤出向南逃走，声称返回豆子䴚（音岗）等根据地重新做贼。

对薛世雄而言，他的目标是李密，窦建德之类都是搂草打兔子，捎带手扫一扫的毛贼，并未放在眼里。窦建德决定拼死赌一把。窦建德驻地距薛世雄的军营有一百四十里，他率领敢死队二百八十人先行，命令其余的人随即陆续出发，并与士兵约好，“夜里到达薛营就进攻他们，若到达时天已放明，就投降。”他率军走到距薛营不到一里的地方，天就要亮了，窦建德惶惑，和大家商议投降之事。此时如有神助，忽然间天降大雾，咫尺之内人都无法辨认，窦建德大喜，说：“天助我也！”于是率军突入薛营袭击，薛世雄兵营大乱，兵卒们都翻越栅栏逃走，薛世雄无法制止，他只和左右几十名骑兵逃回涿郡。薛世雄惭愧忧愤，回去后就发病去世了。窦建德包围了河间郡城。

窦建德此战还顺道帮了王世充。薛世雄死后，王世充接收了讨逆大军的指挥权，这才发生了此后在东都与李密的缠斗以及许许多多其他的事情。

第三次战胜就更幸运得离奇了。窦建德包围河间郡城，攻城一年多，寸功未建——由此也可从侧面看出窦建德的军事实力。虽然李密围东都也未攻下，可李密面对的是隋的主力部队，而窦建德面对的只是个郡城及其数量不多的郡城守卫而已。就在城里城外都打累了的时候，消息传来：炀帝已死，隋亡了。河间郡丞王琮得知噩耗，组织官民为炀帝发丧。国已亡，守城已无意义，王琮随即举城投降。这一年十一月，窦建德立夏国。

在没有好运罩着的时候，窦建德打仗就没那么顺了。除了以上几战，他还与镇守幽州的罗艺对垒多次，直到他被唐俘获之前，只胜过一次，其余皆败。

三、矛盾的价值观

唐武德二年（619 年）（也就是隋炀帝被弑之后的第二年）年初，被李密打到只剩残兵败将的宇文化及向东北逃亡，奔着窦建德的势力范围而来，在魏县自称许帝。此时，窦建德提出了一个匪夷

在“家天下”思想和“天理”思想下，农民们一方面觉得这样被压迫是不公正不对的，一方面又以君为父认为父不可违抗，于是会产生不断的摇摆。

所思的说法：“为炀帝报仇”。他说：“吾，隋民也；隋，吾君也。今化及杀之，大逆不道，乃吾仇，欲为天下诛之。”这话听起来很热血，但从他的角度来说其实很难讲通。如果他是隋民，炀帝是他的君，那么他之前的造反又如何解释呢？难道是反贪官不反皇帝？中央是好的，是底下的歪嘴和尚唱错了经？如果不反皇帝，那又如何解释大业十四年（618 年）初他与徐元朗等人联合上书请李密登基称帝呢？他还如何解释他自己设百官、称夏王呢？总之，他不仅从最初到最终都没有一个政治主张，甚至都没有一个一以贯之的政治态度。他做的重要选择，都来自于本能，来自于朴素而又自相矛盾的忠孝仁义价值观。在“家天下”思想和“天理”思想下，农民们一方面觉得这样被压迫是不公正不对的，一方面又以君为父认为父不可违抗，于是会产生不断的摇摆。每一次的摇摆都有他所受的一种教育作依据，缺乏思考能力、缺乏独立意识的他，自己都不会明白自己这样做的矛盾性。

他不是唯一持这种自相矛盾的政治态度的人，在忠君思想和江湖文化的双重教育下，很多起义的农民都存在同样的矛盾性。宇文化及杀隋炀帝之后，为了讨好江淮起义军，封当时的江淮起义军主力杜伏威为历阳太守。杜却没领情，甚至对其嗤之以鼻，认为他是弑主逆贼，转而向在东都洛阳的皇泰主上表称臣。从反隋到做隋臣，转圜转得就是这么自然。

窦建德带兵讨伐宇文化及，连战连破——宇文化及这个大boss已经被李密和他自己的军中内讧干到最后一滴血了，当然好打，几乎就是老天专门来送给窦建德通关的。宇文化及困守聊城，窦建德纵撞车机石，四面围攻，一举攻克。进城之后，窦建德先拜见萧皇后，自称臣，然后抓住宇文化及、宇文智及、杨士览等，一起斩首。

此后，他礼送萧皇后去突厥与嫁到那里的义成公主相聚，同时将宇文化及的人头送给义成公主；又奉表致送东都的皇泰主，让其封自己为夏王，完成了从反贼到政府正统的蜕变。如果他能将这一身份坚持始终，勉强可以解释为一个起先报国无门的忠义国民。但不久后王世充弑皇泰主称帝，他就断绝了和王世充的往来，奉隋炀帝为隋闵帝，立齐王杨暕的遗腹子为郧公，自己设立天子使用的旗帜，出入都像天子一样清道警戒，下达的文书称为诏，不久后正式称帝。这一系列的举动又无法与之前的行为统一逻辑了，使得他与隋的关系越发地难以解释起来。

四、天性纯良

窦建德是隋末众多农民起义军中很难得的一支“义军”，他无

窦建德是隋末众多农民起义军中很难得的一支“义军”，他无论对部下还是对敌人，都做到了尽可能的善良宽大。他的行为在那个丛林时期，算是难能可贵的品质。

论对部下还是对敌人，都做到了尽可能的善良宽大。他的行为在那个丛林时期，算是难能可贵的品质。

起义军大多是被逼造反，因此对政府官员充满仇恨。在那个时期，大部分起义军抓住隋官及士族子弟都会杀掉，唯独窦建德很好地对待他们，因此隋官中很多人举城投降他。

窦建德攻下景城时，捉住户曹张玄素，曾想杀了他。县里一千多百姓嚎啕大哭，请求代替张玄素去死，说：“没有比张户曹更清廉的了，大王杀了他，又怎么劝人向善？”于是窦建德释放了张玄素，拜他为官，不过张玄素直到炀帝死后才上任。

王琮请降的时候，窦建德退军准备了饭菜招待他。王琮说到隋亡国，俯身痛哭，窦建德也流了泪。一些将领认为：“王琮抵抗我军这么长时间，被他杀伤的人很多，没有抵抗能力了才投降，应该烹了他。”窦建德说：“王琮是忠臣，我正要奖赏他用来勉励忠于君主的人，怎么能杀了他？以前在高鸡泊做强盗，也许可以随便杀人；现在要安抚百姓，平定天下，怎么可以杀害忠良呢？”于是宣告全军：“谁敢动王琮，杀三族！”并任命王琮为瀛州刺史。于是河北的郡县闻讯后，争相归附窦建德。

后来他趁唐忙着平定西部的时候攻陷唐的领地黎阳，获得当时已是唐将的李世勣（就是徐世勣）的父亲当人质，李世勣先降后叛，手下官员都建议他把李父杀了作为惩罚。但他也没有这样做，说"他爹有什么罪？！"

他的价值观，是混杂着"大丈夫只要不死，应当建立功业"（当初他说孙安祖的话）与传统君君臣臣父父子子观念的，虽然互相之间难以理顺，但具体到某一件事，都能在古训中找到解释。他的价值观体现得最明显的一次是他攻陷唐的领地滑州的时候。唐滑州刺史王轨的奴仆杀了王轨，携带王轨的首级到窦建德处投降。窦建德说："奴仆杀主是大逆不道，我怎么能接受他呢？"立即下令斩了那奴仆，将王轨的首级送回滑州。据说滑州百姓深受感动，当天就请求投降，附近的州县以及徐圆朗等人都望风归附——因为在百姓间，遵行的也是这样的观念。

他的"义"还来自于天性中的善良，这一点在那个乱世尤其难得。窦建德每次打了胜仗、攻陷了城池，得到的物资财产，全部用来分给将士，自己不留任何东西。他不吃肉，经常吃蔬菜，下粗米饭；妻子曹氏，不穿绫绢做的衣服，奴婢侍妾才十几个人（十几个人是相对于他作为夏王乃至夏帝应有的排场来说，已经是最低标准了）。待到打败宇文化及，获得一千多名隋朝宫女，也是当即遣散。窦建德任命隋朝的黄门侍郎裴矩为左仆射，掌管官吏的选拔，兵部侍郎崔君肃为侍中，少府令何稠为工部尚书，右司郎中柳调为左丞，虞世南为黄门侍郎，欧阳询为太常卿，其余的隋朝官员也都量才授官。对不愿留下的人，准备去关中或东都的，听任他们前往，并给予路费粮食，派兵保护他们出境。隋骁果还有近一万人，也分派遣返，听任他们选择去处。在那时候除他之外少有别人能做到这一点，弱肉强食之中，无论财货、领地，还是将士、百姓，都被参与争夺的军阀们当作私产，要么为我所用要么当作刍狗，对你好都是为了有恩于你让你回报用的，中国文化的实用主义在这种时候都被发扬到最大。窦建德的这些行为，让人看到乱世中国人中依旧有人性的一面。

窦建德基本占据河北地区（幽州没有占据，罗艺始终是他的劲敌）之后，把都城从乐寿迁到了洺州。他在洺州劝课农桑，发展生产，保护商业交换，还组织民众兴修水利。在他的统治之下，河北地区社会安定，统治清明，达到“夜不闭户，商旅野宿”的地步，虽然时间短暂，但在那个要么被起义军也就是政府所称的盗贼劫掠财货，要么被军阀抢劫、征用物资供军用，总之是财产得不到保障的年代，这称得上是天堂了。

五、一战而亡

武德三年（620 年），唐军大举进攻已称郑帝的王世充，王世充支持不住，年底写信，向窦建德求援。此前因为彼此分别称帝和后来争夺地盘的原因，双方早已不来往，接到求救信后，窦建德的中书侍郎刘彬分析形势说："天下大乱，唐得关西，郑得河南，夏得河北，形成三足鼎立之势。如今唐起兵攻郑，从秋到冬，唐军日见增多，郑国地域日益缩小，唐强郑弱，势必不能支撑，郑灭亡，夏也不能单独存立了。不如放弃仇怨，发兵救郑，夏从外袭击，郑自内反攻，一定能打败唐军。唐军退兵后，再慢慢观察形势变化，如果郑可取就取郑，合并两国的兵力，趁唐军疲劳，可以夺取天下！"窦建德听从此论，派人见王世充，答应出师援救。

武德三年三月底，窦建德带兵十万，对外号称三十万，水陆并进，向西救援洛阳，与李世民率领的唐军在洛阳东侧的虎牢关相持，一战就是两个月，无法前进，还老是吃败仗，军中士气逐渐低落。李世民转战天下少有敌手，名气早就流传四方，窦建德自己也心生怯意。他的国子祭酒凌敬建议放弃进攻虎牢关，趁唐军精锐尽在洛阳城下无法脱身之机，翻越太行山，全军直扑唐的根据地汾州和晋州。这样，李世民势必回军救关中，洛阳之围自然可解。窦建德起初打算采纳凌的建议，但王世充的告急使者每天络绎于道，在窦建德面前痛哭流涕苦苦哀求，同时又贿赂窦左右将领，让他们在窦面前贬低凌敬。窦建德最后放弃了凌敬的计谋，他给出的原因是："我们来救洛阳，洛阳危急万状，我们却舍弃而去，是畏敌且背信弃义。绝不能这么做。"做出这样的决定，一方面是受他人的影响，另一方面也是与自己内心的怯懦作斗争的结果。他心中的"义"鼓舞他克服对李世民的恐惧，去正面迎击敌人好做一条汉子。在这种情势下，他已无理智去思考战术。但李世民有。

窦建德所受的忠孝仁义的教育成就了他，也毁了他，在这个关键的时刻，他的愚善使他付出了代价。当然，窦建德军事实力和军事水平都弱于唐军，即便采纳凌敬的计策，也未见得能笑到最后，但至少不至于让他死得这么早。

五月一日，李世民认为时机成熟，开始布置诱饵引诱窦建德会战。第二天，大战开始，窦建德所有武装力量筑营列阵，连绵二十里，在战鼓中向前推进。李世民率骑兵数名站在高处眺望，说："盗匪在山东起兵，没见过强敌。如今正穿越险境，却大声喧哗不止，显然他们是没有纪律的军队，而紧逼到城墙之下，显示心存轻视。我们按兵不动，他们士气自会衰弱，列阵备战太久，士卒饥饿，势将向后撤退。到那时候，我们发动追击，没有不胜之理。我敢跟各

窦建德所受的忠孝仁义的教育成就了他，也毁了他，在这个关键的时刻，他的愚善使他付出了代价。

位打赌，过了中午，一定把他们击破。”然后命军队按兵不动，相持到中午，窦建德军又渴又饿又累，纷纷坐下休息，又互相争夺饮水，唐军见状大举进攻，一直冲入夏军营阵，夏军大乱、溃败，仅被俘虏的就多达五万。窦在突围时中槊受伤，逃到牛口渚终于不支坠马，被唐将白士让、杨武威追上，白要下手杀窦，窦急忙大叫“勿杀我，我夏王也，能富贵汝”。

被俘的窦建德见到李世民，李世民问窦：“我自管进攻王世充，关你什么事，大老远跑来送死？”窦默然半晌，答道：“今不自来，恐烦远取”，意思就是我要不自己来的话以后还得麻烦你大老远的去捉拿我。这样低调的回复，几乎有些自轻自贱了，他那时究竟在想些什么，谁也无法知道，也许还是民见官天然带来的自卑感？

李世民将窦建德押到洛阳城下与王世充见面，王世充见大势已去，只好也开城投降。七月，李世民凯旋回到长安，将窦建德、王世充向李渊献俘。两人都是唐的敌人，王世充给唐造成的麻烦比窦更多，但奇怪的是李渊把窦建德斩了却把王世充留下了。究其原因，恐怕应该是窦建德太坚持自己的一套对错观，不会屈从于李渊甘心做其臣子吧，这和李密的被逼反同出一源。而王世充就不会了，他“身段柔软”，能“审时度势”，随时可以为新环境、新主子屈身，自然不会不容于人。

窦建德太坚持自己的一套对错观，不会屈从于李渊甘心做其臣子。而王世充就不会，他“身段柔软”，能“审时度势”，随时可以为新环境、新主子屈身，自然不会不容于人。

窦建德死的时候四十九岁。他死之后，他的余部逃回河北，准备拥立他的后代继续抵抗唐军。但大将齐善行认为，以窦建德的英明神武，尚且不敌唐军，现在败到这种地步更不可能成功，就不要涂炭生民了。于是窦军余部自动解散，愿降者降，愿去者去，夏政府仓库中储存的绸缎也都分给了将士，三天三夜才发完。

六、窦的“遗产”

斩窦建德，可能有唐的政治考虑，但从长远看，这实在是个政治错误。因为它断绝了山东河北好汉们进入新政权的路。窦建德旧部回乡后，已经无法融入普通的农民生活，只会横行乡里——农民一旦翻身做了主人，常常比原来的主人还狠。唐派去河北山东管理地方的官吏的办法是严厉绳治，有时还对嫌犯酷刑拷打。此外，唐的接收大员在当地的统治也是严厉甚至更残酷的，这些都引起了窦建德旧部的愤慨和当地人民的不满。

窦的旧将范愿、高雅贤等凑在一起，决定以替窦建德报仇的名义重新起兵。他们依据“刘氏主吉”的说法，先找了旧将刘雅，而刘雅已经决定重新为农，恢复平静生活，不肯与他们合作，他们就将刘雅杀掉，找到另一“刘”——刘黑闼，双方一拍即合，杀牛摆酒，共商大计。

刘黑闼与窦建德一样，也是漳南人，年轻时勇猛又狡猾，与窦建德很要好，后来当了强盗，相继跟随郝孝德、李密、王世充。李世勣降窦建德时，把他从王世充那里俘虏献给了窦建德，此后他成为窦的一员猛将。

武德四年（621 年）七月，刘黑闼起兵，山东河北各地纷纷响应，不到半年工夫，刘黑闼就完全恢复了窦建德故地，行政设施完全遵循窦建德的旧制，而他攻战时的勇敢果断，更有过于窦建德。

唐再派李世民带兵平叛，刘黑闼军战斗力很强，武德五年，唐的名将罗士信战死。李世民采取决河水灌敌的方法，才把刘黑闼的军队击溃，刘黑闼逃奔突厥，刘军战士二万人皆死。才过了两个月，刘黑闼又回到山东，再振雄威，唐的淮阳王李道玄被杀。四个月工夫，刘黑闼又尽复故地。这一次，唐改派太子李建成领兵镇压。

李建成研究了山东河北地区的局势特点——山东地区人口众多，又曾很富裕，是隋朝主要税收来源地。这里发生变乱，即使能平定，它对朝廷的威胁也是难以处理的；山东地区又是孔孟之乡，人才众多，如果不吸收擢用，便会成为变乱的因素。于是他采纳了魏徵的建议，改用宽大政策，释放全部俘虏，许诺不再追究人们和窦建德、刘黑闼军的关系，允许流散在外的人回家务农，宽待当地人民。此举瓦解了刘黑闼的军心，刘军不战自溃。武德六年（623年）正月，刘黑闼被叛变了的下属出卖，之后被斩。

刘黑闼之叛比窦建德起到的社会作用更大，他使唐尤其是后来成为唐太宗的李世民反省了自己在山东河北的政策，也对如何稳定新地盘有了新的认识。

不过故事流传更久远的还是窦建德，直到唐朝后期，山东、河北之人，“或尚谈其事，且为之祀”。河北大名县有“窦王庙”，父老群祭，历久不衰。大和三年（829年），魏州书佐殷侔有感于其事，特在庙中立了一块纪念碑。综合当时之人的心态考虑，这不应来自于他对当地人的恩德，而更应来自于他的传奇故事和他所代表的那种价值观吧。

第七章　从镇压者到颠覆者没有距离

在杨广看来，起义的农民不过是一些无组织无装备的乌合之众，而那些体制内的地方大员，手里掌握着巨大的财富、资源、武装，才是最值得警惕的力量。事实证明他的想法是非常有道理的。

隋末农民起义风起云涌，但炀帝杨广对此的反应一直是慢半拍的，他把更多的注意力放在防备“体制内”的反对力量上，因为在他看来，起义的农民不过是一些无组织无装备的乌合之众，而那些体制内的地方大员，手里掌握着巨大的财富、资源、武装，才是最值得警惕的力量。事实证明他的想法是非常有道理的，他自己和儿孙被杀，他的国被人取代，都不是农民起义军做到的，而是他的麾下之臣。只不过，他一直防备防错了人。

杀他自己的，和杀他孙子的，都是他最为宠信的近臣，其中之一是他派去镇压反贼的大将王世充。王以镇反起家，待隋大势已去却迅速摇身一变成了一个颠覆者，这其中的“审时度势”，堪为为官者的一个样本。

一、从基层奋斗上来的官员

王世充是西域胡人，祖上本姓支，父死母亲改嫁，跟了继父的姓。王世充长相仍是胡人样子，卷发，声音沙哑，性格狡黠。他从小喜欢读书，研究兵法，还学了不少阴阳占卜之类的知识。他的父亲曾先后在怀州、汴州当过长史，相当于州长助理之类的官。他接父亲的班进了公务员队伍，当过左翊卫，又升至御府直长、兵部员外郎。杨素北伐突厥时，他曾当过幽州长史。

隋炀帝即位后，王世充曾为民部侍郎，他对法律很熟悉，善于利用公文来欺上瞒下。有时别人指出他的错误，他能找出种种理由来解释，别人知道他说得不对，却也辩不过他。

掌握官员前途命运的人是上级，而掌握他们最终命运的当然是皇帝。在唯上方面，王世充很有一手，“善候人主颜色，阿谀顺旨，每入言事，帝必称善”。他后来调任江都郡丞，其间赶上炀帝几次南巡，他很会察言观色，投其所好，搞了很多形象工程，又进献各种珍奇物品来讨好炀帝，以此引起了炀帝的注意。炀帝把失宠的官员张衡派到江都督建行宫，王世充打探到其中背景，以“偷工减料”弹劾张衡，提供给炀帝一个光明正大的借口干掉了张衡。

大业十一年（615 年）炀帝被突厥围困于雁门时，各地官员都积极表现，千里勤王者大有人在，王世充就是其中之一。他带了江都的全部兵力赶到雁门，终日蓬头垢面，悲痛哭泣，夜不解甲，困了就在席子上打个盹。当炀帝终于解围再见臣子时，看到王世充关心自己成这样儿，认为他忠心耿耿，越发信任他。

到大业十二年（616 年），国内已经大乱，炀帝逃难到了江都，对于臣子的忠诚度日益重视。凡江、淮各郡官员谒见的，炀帝都会问进献礼品的多少，礼多就认为还把自己当皇上，于是越级升迁郡

靠拍马赢得的只是领导的好感，要想升更大的官还是要有实打实的政绩。

丞、县守，礼少的就觉得已经不拿自己当回事了，马上黜免官职。王世充靠着进献铜镜屏风，升为通守；历阳郡丞赵元楷进献珍奇美味，升为江都郡丞。王世充还秘密为炀帝挑选江淮民间的美女来进献，更加得到炀帝的宠信。当时盗贼蜂起，送美女的使者路上常遇强盗，美女多被杀害，而王世充将这些情形统统瞒下。

王世充的光明前途在隋朝，他也为这前途做着不懈努力。但同时，他也给自己留着别的路。炀帝执政后期，王世充观察隋朝政治紊乱，他治下的江左地区出现了很多不稳定因素，于是他暗中结交著名异议人士，其中有人犯法系狱，他都会找出法律空子给对方减刑，来建立私恩。

二、靠镇压人民起家

靠拍马赢得的只是领导的好感，要想升更大的官还是要有实打实的政绩。王世充赖以起家的政绩是镇反，他的手上沾满了起义者的鲜血。

大业九年（613 年）杨玄感起义时，东吴地区的朱燮、管崇也起兵响应，王世充征募江都万人镇压，屡屡获胜。每次胜利他都归功于手下人，为其申请荣誉和赏赐，每抢到财物也都分给士卒，所以底下人都愿意为他效力。

当年十二月，炀帝派王世充讨伐杨玄感余党刘元进。王世充率军渡江，多次与刘元进交战都取得了胜利。刘元进、朱燮在吴县兵败身亡，其余的部众有不少溃散。王世充召来先投降的人，在通玄寺的佛像前焚香为誓，约定降者不杀。刘元进的溃散部众本想入海为盗，听到这个消息，一个月内，基本都投降了王世充。而王世充把这些人全都坑杀在黄亭涧，死者达三万余人。他的行为释放出一个非常坏的信号，一方面是政府言而无信，另一方面是反了就别想再投诚。因此，此后人们不断相聚为盗，灭了又起，官军无法讨伐，直至隋帝国灭亡。不过这些王世充是不负责的，他的目的只是完成上级交代的任务，讨好上级以利升官，解不解决问题不干他的事。

大业十年（614 年），山东山贼孟让抢掠至盱眙，王世充率兵抵御。他坚壁不出假意示弱，等孟让放松警惕懈怠后，半夜出击，大破孟军，斩首万级，俘虏十余万人。炀帝以此战认为王世充有将帅才略，此后更多地将镇压反叛的任务交给他。

山东山贼格谦拥兵十余万屯豆子航（音岗），自称燕王，大将杨义臣对其进行讨伐，杀掉了格谦，世充讨平其余党。又讨伐反贼卢明月于南阳，俘系数万。回兵后，炀帝亲自敬酒犒劳。

大业十三年（617 年）七月，瓦岗军李密、翟让猛攻东都洛阳，多次击败守军，洛阳求救的文书雪片般飞到江都。炀帝一开始不肯承认现实，后来形势危急，不得已调兵救援洛阳，任命王世充任援洛大军的总指挥，从此他开始了和李密的长时间的拉锯战。

三、东都夺权战

王世充带兵到洛阳防守瓦岗军的进攻。当时洛阳主事的是杨广的孙子，十几岁的越王杨侗。东都留守元文都为辅佐。王世充当时拜右翊卫将军，新晋贵胄，一时半会儿尚不入流，元文都等老官僚都不太看得上他。但他利用东都对自己的倚重，很快把自己培养成了这里最重要的人。

从大业十三年（617 年）九月到大业十四年（618 年）初，王世充率十万大军和李密的瓦岗军进行了数次大大小小的战斗，基本上他都输了，十万大军损失到只剩一万人。王世充自己上书向越王杨侗请罪，杨侗派王世充的哥哥做使者来安抚他，他抓住机会诉说自己兵少，几次战斗后已疲惫不堪，于是越王杨侗派去七万援军补充王世充的力量。王世充领教够了李密的厉害，他曾寄希望于翟让同李密间的内争消耗掉瓦岗军的力量。后来听说李密顺利除掉翟让，且队伍仍然稳定，大为失望，叹曰："李密天资明决，为龙为蛇，固不可测也”。洛阳久处瓦岗军的围攻之中，形成“东都号令不出四门，人无固志”的困境。

大业十四年三月，宇文化及在江都杀了杨广，带骁果军北上。五月，消息传到洛阳，越王杨侗被拥立为隋朝最后一位皇帝之一（在首都大兴还有一位皇帝继位，即李渊拥立的代王杨侑，史称隋恭帝），史称皇泰主。王世充被皇泰主封为郑国公，与段达、元文都等其他六人共同辅政。六月，宇文化及的叛军到达洛阳郊外，意图攻克洛阳作为根据地。

此时，洛阳周边出现了微妙的局面。本来杨侗 VS 李密，关系比较简单，现在宇文化及 VS 杨侗，同时因为所在同一地域的原因，宇文化及还要 VS 李密。洛阳处于李密的包围之下，要攻洛阳就必须先赶走李密。李密围攻洛阳本想拿下杨侗，现在半路杀出个宇文化及就要先把他赶走才好做事。另外，在东都人的眼里，李密是因为炀帝暴政、被逼上山的强盗，而宇文化及是弑主杀君、泯灭人伦的魔王，两者相比前者显然更值得亲近。在这样复杂的局面下，洛阳方面生出与李密同仇敌忾的心，也就不奇怪了。

皇泰主的辅政大臣元文都和卢楚二人商议，洛阳兵力实在不足以抵御宇文化及，不如与李密暂时联合，封官给李密，让李密讨贼。如果宇文化及得破，李密必然也疲惫不堪，那个时候趁其之危，可以渔翁得利，反之亦然。计策通过，杨侗即遣人拜访李密探讨共同对敌的可能性。李密当时也在担心被宇文化及和东都形成前后夹击之势，正有此想法，于是双方一拍即合。

李密的招安使洛阳形成了一股短暂的和平与温情态势。毕竟战争已久，很多人都期望动乱的日子能赶紧过去。一开始虽然是为了利用李密，随着双方互赠，友爱逐渐加深，东都内部也有了一家亲的想法。皇泰主还亲自写信给李密称“过去的不快都算了”，拜李密为太尉、尚书令。当李密取得对宇文化及的第一次小战胜利时，元文都等人甚至高兴得在宴会上舞蹈。这种场面严重地刺激了王世充——本来我是这洛阳的救世主，怎么忽然一个敌人反倒成了大救星？而且一旦李密真的胜利，入朝为官，以李密的功劳和能力，哪里还有他王世充的机会。于是他当众唱起了反调，说：“朝廷的官爵，竟然给了强盗，这是想干什么？！”

王世充要让大家知道谁才是东都真正可以依靠的人。他刺激他的士兵们：“文都等刀笔才，早晚会被李密干掉的。我军与反贼战斗这么久，多杀其父子兄弟，一旦被他们领导，还有咱们的好么？”士兵听后大哗。元文都等人听到消息，嗅到了王世充危险的味道。

元文都与卢楚、段达商议先下手为强，干掉王世充。但当时王世充掌军权，显然赢的面儿更大些。段达害怕元文都不会成功，押宝在王世充一边，就先跑去把密谋告诉了王世充。王世充连夜带兵包围宫城，杀掉了卢楚，称元文都等人与李密相约谋反，要求杨侗交出元文都。迫于形势，杨侗只好听任王世充在他面前乱刀砍死元文都，并清洗替换了自己身边的人。从此，王世充成为洛阳城内唯一主事的人，除皇泰主外，从上到下，都是他的亲信。王世充当了太尉，专揽朝政，事情无论大小，都要通过太尉府。皇泰主成了标准的傀儡。李密本来要进入东都接受皇泰主的官爵，听到洛阳城内发生了这样的剧变，就打消了受隋官的初衷。

四、什么人品

王世充能有这么多“亲信”可安置，从后面的事情来看真是件匪夷所思的事。与他深度接触过的人里，几乎无一例外地对他评价极低，不愿与他合作。

王世充掌权，洛阳与李密的和解之途断绝，但李密与宇文化及的战争还得照打。一战之下，李密虽获得胜利，但精兵良马损失大半，军队疲惫不堪。此时洛阳经过长久被围，城内困窘，一斛米卖到八九万钱，长久下去，肯定是耗不起的。王世充决定抓住机会，与李密拼死一战。为了鼓舞士气，王世充找了一个叫张永通的普通士兵，说周公三次给这张永通托梦，答应帮王世充保卫洛阳。王世充同时重修周公庙，请了个巫师去周公庙祷告。巫师也说周公让他转告洛阳守军，应当立即进攻李密，周公会保佑守军大吉大利，否则周公会降瘟疫来惩罚守军。王世充的部下主要是淮南人，本来就崇尚鬼神，这回两边互相对证，就更深信不疑，纷纷请战。王见军心已成，于是挑选了精兵二万出击李密。

天亮后，王世充带兵逼近李密。他事先找到一个长得很像李密的人，捆起来藏好，战斗正激烈时，让人牵着通过阵前，大喊："已经捉住李密了！"士兵们都呼万岁，李密部众因此大溃。

两军交战，不择手段，王世充用此计无可厚非，不过此事也从一个角度让人看到他的为人。王世充取得胜利之后，曾经为李密做思想工作的东都国子祭酒许文远又回到洛阳，每次见到王世充，必定先行礼。有人问他："您见李密很傲慢，却很敬重王公，是什么原因？"徐文远说："魏公李密是君子，能够容纳贤士；王公是小人，老熟人也能杀，我怎么敢不行礼？"胜利者王世充得到了李密部下很多能人，他任命秦叔宝为龙骧大将军，程知节为将军，待他们很好。但二人憎恨王世充多诈，程知节对秦叔宝说："王公才识风度浅薄狭隘，却爱乱说，喜欢赌咒发誓，这不过是老巫婆，哪里是拨乱反正的君主！"后来王世充在九曲与唐军交战，秦叔宝、程知节都带兵在阵上，和他们的几十名部下，骑着马向西跑了一百来步，然后下马向王世充行礼，说："我等身受您的特别优待，总想报恩效力，但您性情猜忌，爱信谗言，不是我等托身之处，如今不能再侍奉您，请求从此分别"。然后跳上马降唐，王世充不敢追逼。后来，秦叔宝、程知节都成为替唐灭郑、冲锋陷阵的勇将。当时王世充的骁将还有罗士信、李君羡、田留安，这些人后来也因为厌恶王世充的为人先后降唐。

王世充称帝后，曾任命国子助教陆德明为自己儿子的教师，命儿子王玄恕到他家中行拜师礼。陆德明觉得是耻辱，吃了泻药巴豆散，卧床称病。王玄恕进屋跪在床前，陆德明当着王玄恕面泄痢，从始至终没有和他说一句话。

隋朝的马军总管独孤武都受王世充信任，独孤武都的堂弟司隶大夫独孤机与崔孝仁等几名将军谋划引唐兵前来，但事情泄露，他们都被王世充杀死。不过两年后，王世充被杀，就死在这件事上。

五、自导自演的改朝换代

不能不说王世充的演技是超好的。他闯进禁宫杀元文都的时候，皇泰主对他说："阁下想逞武力，胆敢杀我吗？"王世充伏身下拜流泪谢罪道："臣蒙受先皇的提拔，粉身碎骨也难报答。文都等人包藏祸心，想召李密危及社稷，又怕臣不同意，怀疑猜忌臣；臣被迫求生，来不及闻奏。如果怀有什么恶意，违背陛下，天地日月在上明鉴，让臣满门灭绝一个不留。"声泪俱下。皇泰主与王世充一同入后宫见皇太后，王世充披散头发发誓，声言不敢有二心。

王世充杀掉元文都、卢楚之后，担心人情不服，表现得对皇泰主非常谦敬，还请求做刘太后的干儿子，尊称刘太后为圣感皇太后。但不久后有一次他去宫中吃饭，回到家里大吐，声称有人在他的食物中下毒，从此不再上朝拜谒。皇泰主知道王世充不会甘当臣下，而自己又无力制服他，只得从宫内仓库中取来丝织品，做了许多幡花；又拿出各种衣服玩物，让僧人到处施舍给穷人，以求福佑。王世充听说后让党羽守住宫门，宫内的杂物，毫厘不得拿出，彻底断绝了隋皇家与外界的联系，垄断了对外的信息发布。

武德二年（619年），局势已经变了，隋朝大地上林士弘、刘武周、梁师都、薛举、李轨、李渊、萧铣、沈法兴等先后称帝、称王，"大隋太尉"的职务已经没那么珍贵了，不如自己也当个皇帝。王世充开始做夺取皇位的准备。但洛阳是隋朝旧都之一，长期以来的忠君教育，使很多人仍对隋怀有感情，不是王世充想改就能改的，他还必须要做意识形态方面的准备。

他先组织了一场忠君思想大讨论，凡是提出忠君救国说法的人，都先受到赞赏，后以各种理由外调。然后派段达等人向皇泰主提出加高王世充的政治待遇，赐“九锡”，即在名分上达到一人之下万人之上的规格。皇泰主说：“郑公新近平定了李密，已经官拜太尉，从那以来，没有特别的功劳，待天下逐渐平定，再论此事也不晚。”段达想不出别的理由，干脆直说：“太尉想加九锡。”这样直白的话让皇泰主无语了，紧紧盯着段达的皇泰主回答道：“随您便！”

三月十二日，段达等人以皇泰主的名义下诏命王世充为相国，让他持饰有黄金的斧头，总理百官政务，爵位晋封为郑王，加九锡，郑国可设置丞相以下官员。

意识形态工作继续有条不紊地推进。东都的道士桓法嗣将《孔子闭房记》一书献给王世充，称相国王世充应取代隋作天子。王世充任命桓法嗣为谏议大夫。王世充又让人网住各种飞禽，将布帛写上“受命于天”之类的词语系在鸟颈上，然后放掉。有人得到这些鸟献上，也拜官封爵。然后是段达以皇泰主的名义下令，给予王世充“入殿不趋，赞拜不名，剑履上殿”的特殊礼遇——这也是篡位的预演，前朝几次篡位都遵循这样的步骤——王世充上表三次推让。最后是满朝文武百官劝他称帝，在都堂设座位。为了做足场面，他特意选了隋朝旧臣、快八十岁的苏威当道具，每次百官劝进，都让他带头，以向百姓宣告：这是历史的选择。

最后的时刻到来了，王世充派段达、云定兴等十几个人进宫禀告皇泰主说："上天的旨意不是永恒不变的，如今郑王功高德重，希望陛下遵从尧舜的做法禅位。"正盘坐榻上的皇泰主不禁并拢双膝撑着矮桌气愤地说："天下，是高祖的天下，如果隋运未亡，这种话就不应提起，如果上天的旨意已经改变，也用不着什么禅让！各位不是祖辈旧臣，就是身居三公高位，连这种话都说得出，朕还能指望什么！"神色严峻，在朝的各位大臣都流下冷汗。皇泰主下朝后，只能对着太后流泪。

一次不成再来一次，王世充又派人说服皇泰主："如今海内尚未安定，需要立年长一些的人作君主，待到天下安宁，一定公开恢复您的帝位，决不违背原先的誓言。"这次不等皇泰主同意，直接进行了下一步。四月初五，王世充假托皇泰主之命，隋禅位于郑。这以前王世充三次上表辞让及皇泰主下敕书敦促劝进的事，实际上皇泰主都不知道。王世充派遣众将领带兵清理宫城，又派术士在宫中举行除凶祈福的仪式。四月初七，王世充用全套皇帝车驾进入宫城，即皇帝位。

王世充登基时，将皇泰主软禁在含凉殿，仍保证供养。但没多

> 在当皇帝之前，王世充已经开始表现出除故纳新的新王朝姿态。他表现得很亲民，经常连士兵仆役等底层的人都亲自接见，访贫问苦，好听的话说尽，但实际上并没解决问题。

久，以前李密的大将、现在王世充的礼部尚书裴仁基等人谋划杀死王世充及其党羽，重新尊奉皇泰主杨侗为君主，事情泄露，他们均遭诛灭三族。王世充的哥哥齐王王世恽对王世充说："这些人谋反，就是因为皇泰主还活着的缘故，不如早些除掉皇泰主。"王世充听从了他的计划，派人毒死皇泰主。皇泰主临死前，拜佛祈祷道："愿从今以后，不再生在帝王家！"喝下毒药，却没能气绝，最后被用帛勒死。

六、从收买人心到白色恐怖

在当皇帝之前，王世充已经开始表现出除故纳新的新王朝姿态。他在太尉府的门外树立三个牌子：一个牌子招求有文学才识、足能成就国是的人；一个牌子招求有武勇智略、能带头冲锋陷敌的人；一个牌子招求遭受冤屈、郁郁不得申说的人。于是，每天都有数百人上书陈事，王世充都招来接见，亲自阅文，殷勤慰问。大家都很高兴，以为政治焕然一新，终于有人倾听人民的心声了。然而这一切只是做做样子，其实到最后王世充什么事也没有做。王世充还表现得很亲民，经常连士兵仆役等底层的人都亲自接见，访贫问苦，好听的话说尽，但实际上并没解决问题。

扮明君没多久，王世充就扮累了，而且关键是，演技不好，扮得人们都不信了。无法收买人心的王世充只好用恐怖手段维持统治。

新皇登基，改天换日后，他在宫门前的阙楼下及玄武门等几处都摆了榻，行坐没有固定场所，亲自接受奏章上表。有时他轻骑简装经过闹市，也不用清道令百姓回避，老百姓只需让开道即可。当路边聚满了围观百姓，王世充一边勒住马缰缓慢行走，一边响亮地对老百姓说："过去的天子居住于重重宫殿之中，民情无法上达帝听。如今世充不是贪图皇帝的宝座，只是想拯救现实的危难，就如一个州的长官刺史一样，亲自过问政务，并要与官员百姓共同评议朝政，还怕宫门有所限制，现在在宫门外设坐位听朝，各位都应当把了解的情况全部讲出来。"又命令西朝堂受理冤情，东朝堂接受直言极谏。百姓很踊跃，每天有几百人献策上书。由于数量多内容杂，分类既很麻烦，也难以全部省阅。几天后，王世充姿态摆够，就不再出宫。

王世充每次听朝，都殷勤训谕，言词重复，千头万绪，令侍卫疲倦不堪，各部门官吏上奏政事，也因长时间听受训示而疲惫。御史大夫苏良有一次忍耐不住，不得不劝谏："陛下话太多，而不得要领，如此这般商议一下就可以了，何必费这么多口舌？"这话虽然难听但确实是实际，且王世充新登基也要表现宽仁，因此他只是默默听着，没有加罪苏良，但事后自己也没改，仍是这样啰里啰嗦。

扮明君没多久，王世充就扮累了，而且关键是，演技不好，扮得人们都不信了。无法收买人心的王世充只好用恐怖手段维持统治。王世充的将领、州县官络绎不绝地降唐，他于是加重了法律，一人叛逃，全家无论老少全部杀死，父子、兄弟、夫妻相互告发的可以免死。又让五家结为一保，一家举家逃亡，四邻未察觉，四家均获死罪。但杀的人越多，逃亡的人也越多，以至于人们想出城砍柴都要申请配额才能被允许临时出城。王世充又将宫城作为大监牢，忌恨的人，连家属一道囚禁在宫内；诸将如要出城作战，也要把家属留在宫内当人质，囚禁的人经常不下一万人，每天都有几十人饿死。文武百官视当差为畏途，万一有谁被外派，都会高兴得如做神仙。

李密围城解除后，换唐军围城，围城日久，东都如同人间地狱。本身就缺粮，又因为严厉的管制无法从其他途径得到粮食，也无法逃荒，每天都有很多人饿死。老百姓吃完城内的草根树叶后，只好把泥土混上些米屑做成饼来吃，城内的尸体相枕于道。当年李密围洛阳，郊外的老百姓为避战火逃入城内的有三万家，现在还活着的连三千家都不到了。情势困窘，人心离散，洛阳城内官民多次密谋开城降唐，但因为王世充的严密监控，都失败了。

王的柔软身段来自于多年官场历练，与窦建德、李密不同，他才不会为所谓尊严做有风险的抗争，也不会有君臣、善恶、忠奸的纠结，当时当刻的实力才是第一位的。

七、两个统治者的竞争

武德三年（620年）七月，唐结束了在西方的领土占领，派秦王李世民带兵围困洛阳。王世充试图与其讲和，在城上对李世民喊："相与息兵讲好，不亦善乎？"期望郑与唐能各自割据，相安无事。但唐的胃口比他想象的要大得多，人家要的是整个江山，因此拒绝了他的要求。

求和不成，王世充只得全力迎战，无奈人心已失，连战皆败。他拿出了自己的拿手好戏，那就是偷袭。有两次他都差点得手，遗憾的是李世民比他运气更好，两次都躲过了。

王世充所面临的局面则比李世民凶险许多，因为他不仅要防备敌人，还要防备来自内部的叛逃者。一次战役中，他带兵列阵，他的属下王怀文忽然举起长矛刺王世充，王世充衣内穿有护甲，长矛折断未能刺进，周围的人猝不及防，都惊呆了不知所措。王怀文逃往唐军，途中被追兵赶上，遇害。王世充还算镇定，马上让坏事变好事，回城后脱下内甲，袒露给群臣看，说："怀文用长矛刺我，竟没能伤我，这难道不说明天命归属于我吗！"以此来阻吓其他有企图的人。

独木难支之下，王世充放下身段，给在东方称帝的窦建德写信求援，而此前他们因为分别称帝，都认为自己是最高领导，因此互相都不搭理很久了。窦担心唐拿下洛阳后对自己不利，决定出兵，但两个月就被唐歼灭，窦建德本人于武德四年（621年）三月被绑赴洛阳城下。王世充一看大势已去，想逃跑，但属下没人愿意跟他，于是马上争取主动，开城投降，并亲自跪在李世民面前称臣，给足了李世民面子。王的柔软身段来自于多年官场历练，与窦建德、李密不同，他才不会为所谓尊严做有风险的抗争，也不会有君臣、善恶、忠奸的纠结，当时当刻的实力才是第一位的。

攻克洛阳后，李世民饶了王世充全家性命，段达等臣下被处斩。段因恐惧而投靠，却不知恐惧也是有保质期的。

武德四年七月，李世民凯旋回到长安，将王世充、窦建德献于李渊。窦建德被处斩，王世充则因主动投降，闹了个态度好，再加上李世民答应了不杀他，所以李渊将他贬为庶民，全家发配四川。临行前，王一家被关押在长安附近的雍州。某日，忽然来了几个人称皇上有旨，要王世充接旨，王急忙出应，不料那几人立刻乱刀砍下，将王世充杀死。领头者是唐定州刺史独孤修德，他的父亲是独孤机，正是两年前被王世充杀死的“叛逃者”——报应来得多么快！

没多久，王世充的儿子和哥哥也都因“谋反”被处死。他们到底有没有真谋反很难知道了，但从李渊对李密的做法来看，很有可能这叔侄俩的“谋反”也是同样情形。而独孤修德的行为，恐怕多少也有李渊的默许在了。王世充是个玩弄阴谋的高手，现在遇到了阴谋高手，也算是死得其所吧。

八、颠覆者在体制内

在魏徵写的《隋书》里，他这样评价王世充：“斗筲小器，遭逢时幸，俱蒙奖擢，礼越旧臣。既属崩剥之期，不能致身竭命，乃因利乘便，先图干纪，率群不逞，职为乱阶，拔本塞源，裂冠毁冕……呜呼，为人臣者可不殷鉴哉！可不殷鉴哉！”意思是说，王世充本是个没什么能力的人，赶上乱世，得到机会获得了额外的提升。像他这样的人（还包括宇文化及等一样从体制内高官转化成的反抗者），处在朝廷统治失效、社会崩溃的时候，不能鞠躬尽瘁地为国效力，还趁乱浑水摸鱼，谋取私利，甚至蒙骗领袖令其错误地估计局势，导致国家、政权更快地滑向倾覆，实在是人神共愤。当干部怎么能这么当呢？！

魏徵的看法充斥着忠君卫主的封建思想，而且很站着说话不腰疼，这种说法和李世民攻陷洛阳后，对隋朝旧臣苏威所说的差不多。

魏徵（左图）这样评价王世充：趁乱浑水摸鱼，谋取私利，当干部怎么能这么当呢？！

苏威是侍奉过隋文帝、隋炀帝两代领导人的老臣，隋炀帝执政期间的重臣。他曾经试图用谏言匡正隋炀帝的荒唐统治，结果反被罢官。此后当他试图让炀帝了解遍地造反的局势有多严重时，再次被训斥和罢官。从此就只好随波逐流，混混日子。炀帝被杀，他当了宇文化及的官；宇文化及败于李密，他向李密行礼称其是大救星；李密失败后，他又当了王世充的官，被王世充用作禅让时的道具。因为这些原因，李世民很看不起他，说：“你是隋朝的宰相，国家危难却不能扶持，导致君弑国亡，听说你见李密、王世充时，还叩头行礼……”按李世民的意思，在危局之中，有良知的忠臣应该用自己的一具尸体来唤醒君主。问题是这事难度太大，连李世民的老子也没能做到，“君弑国亡”的军功章上还有他的一半呢，他当年怎么没一头撞死在杨广面前呢？宰相又能怎样？这个职位不还是予取予夺的事么。苏威不是没有努力过，但杨广对他的努力的回应是让他知道他其实什么也不是。他有没有发声的权利，发出什么

王世充早早就看明白最高权力能给他多大的利益又能给他多大的伤害，然后顺势而为，拍马有前途就拍马，镇反有前途就镇反，说真话有风险就不说真话，当发现自己也可以问鼎皇帝宝座的时候，就当皇帝。

声音都来自于领导的恩赐，没恩赐的时候就别废话。在这种情况下，努力也好，死也罢，对于这个政权又有什么作用呢？

这就是在体制内改变的尴尬——能否起作用完全取决于那唯一的、至高无上的权力者的诚意，当他完全没有诚意时，唯一可行的就是换一个最高权力人，这就是李密他们试图做的事，其实也是李世民和他老爸做的事情。奇怪的是李世民明明都在做了，嘴上说的却是另一套。

任何政权中，像王世充这样的人都不会少。公务员也是人，干这份工作无非是为混口饭吃，混个好的前途。所以也就不要怪人家在不同时局中，利用体制和现有规则达到最大程度上满足个人利益和野心。王世充就是这种情况，而且是这方面的高手。人家早早就看明白最高权力能给他多大的利益又能给他多大的伤害，然后顺势而为，拍马有前途就拍马，镇反有前途就镇反，说真话有风险就不说真话，当发现自己也可以问鼎皇帝宝座的时候，就当皇帝——这当然是最有前途的事情，因为全部的财富、资源都将归属这一个人。他并没有从一开始就树立抢班夺权的远大理想，他也不像杨玄感、李密那样对统治有什么异见。原本的统治是他如鱼得水的泳池，原本的政权是他赖以发达的支柱。当这个支柱可以支撑，可以提供无限资源的时候，他会是这个政权不遗余力的维护者——需要说明的是，他维护的是政权，而不是国家和黎民百姓，因此他会不择手段地执行镇反命令。当政权岌岌可危，丧失对国家资源的垄断力量时，他随时可以转化为最强悍的颠覆者。而且由于他掌握来自政权的资源，熟悉政权的运作，他的能量就更大。这也是体制下的蛋。当体制失去人民拥戴时，可依靠的就只有王世充这种人。而这样的依靠，是多么脆弱和危险啊。

王世充和李渊，从这个意义上说并没有什么不同。他们之间唯一的区别除了能力外，就是王世充没能发展出一套证明自己的抢班夺权足够合理合法的意识形态。李渊发展出来了（这个我们后面会讲到），因此他不仅成为了胜利者，还成为了正义者。

第八章　端了自己的江山

王世充是职业官吏，谁有权为谁服务，完全受利益驱使，对政权的忠心自然难以保证。那么打江山坐江山的功臣后代们又如何呢？他们是这江山的继承者，最根红苗正，他们的命运与这江山紧密联系在一起，他们是否是最值得托付的捍卫者呢？虽然前面有杨玄感的恶例，但那是权力遗传中的基因突变，属特例，不符合常理也就不可能大范围传染。财富地位、万代家传都有政权保障的权贵子弟，有几个会像他那样，去造自己父辈的反呢？更何况，在位的都是自己一起玩大的发小，彼此之间不是亲戚就是朋友，你就算想反，你下得去手吗？

可能正是出于这种考虑，杨广对许多贵族后代们都很信任宠幸，甚至是放任。其中尤以宇文述的几个孩子最甚。

一、胡作非为的公子哥

宇文述是隋朝的开国元勋之一，他本是北周旧臣，在杨坚篡周的过程中出力甚多。在决定隋前途命运的韦孝宽战尉迟炯一战中，宇文述冲锋陷阵，俘敌甚众，立下赫赫战功，由此成为杨坚亲信。隋成立后，他又在统一国家的平陈战役中领兵。杨广夺太子位，主要靠的是杨素的帮忙，而杨素就是由宇文述拉拢到杨广阵营当中

财富地位、万代家传都有政权保障的权贵子弟，有几个会像他那样，去造自己父辈的反呢？更何况，在位的都是自己一起玩大的发小，彼此之间不是亲戚就是朋友，你就算想反，你下得去手吗？

的。杨广继帝位后，宇文述是杨广最信任的重臣之一，而且他善于迎合，“俯仰折旋，容止便辟，宿卫者咸取则焉”，“凡有所装饰，皆出人意表。数以奇服异物进献宫掖，由是帝弥悦焉”。杨广三次御驾亲征高丽，宇文述三次领军；中间杨玄感叛乱，也是宇文述带兵回军剿灭。与杨素不同的是，虽同为夺权功臣，他却没有被杨广猜忌，而是受宠始终，直至去世，这当然与他善于逢迎，只说领导想听、爱听的话的能力分不开。

宇文述有三个儿子，分别是宇文化及、宇文智及、宇文士及。老子得宠，儿子也有地位，小小年纪就既富且贵。宇文化及在杨广当太子时做太子千牛，后来又当太子仆，杨广继帝位后拜太仆少卿。宇文智及则很早就封爵濮阳郡公。宇文士及封新城县公，后来娶了杨广的女儿南阳公主，封尚辇奉御。三个人都跟杨广关系极其亲密，经常出入卧内，杨广走到哪里，基本上都把他们带到哪里。

三个生长在富贵窝中的公子哥，有两个都不让宇文述省心。宇文化及“性凶险，不循法度”，喜欢骑着马带着弹弓在长安城内狂奔，看到谁家的女子长得好，或者是犬马珍稀奇特，必定不择手段地搞到手。当太子仆的时候就曾因为受贿被免职，靠杨广多方恳求又官复原职，杨广登基后他更加贪暴，经常和各路商人来往，通过为其当保护伞来赚钱。宇文智及就更恶劣，从小顽劣凶狠，喜欢与

与杨素不同的是，虽同为夺权功臣，宇文述却没有被杨广猜忌，而是受宠始终，直至去世，这当然与他善于逢迎，只说领导想听、爱听的话的能力分不开。

人斗鸡、玩鹰狗，长大后“蒸淫丑秽，无所不为”——就是与父亲的姬妾睡觉，还搞淫乱活动等等。他妻子把这事汇报给了宇文述，宇文述气得要死，好几次发作，差点把他打死。幸好有宇文化及两兄弟挺身维护，父亲才放了他——宇文化及与智及两兄弟的手足关系，倒是一直很亲密。

杨广带宇文三公子一起出游榆林的时候，宇文化及和宇文智及在当地违反禁令，与突厥人做生意，这令欲“扬我天朝声威”的杨广感到很丢面子，大怒，差点杀了他们俩。眼看都上了断头台了，杨广却改了主意，将他二人贬作奴隶，交给宇文述管教。

大业十二年（616年），宇文述病逝，临死前给杨广留话：“化及臣之长子，早预籓邸，愿陛下哀怜之”。他对宇文智及早已死心，只是担心化及。不过隋炀帝闻后潸然泪下，想起旧日友情，将两兄弟都赦免了，重新起用，化及为右屯卫将军，智及为将作少监。当时，他们，还有宇文士及，都在江都，随杨广避难。宇文士及因为看不起智及，跟那哥俩关系一般。

化及、智及两公子是历朝历代标准的富贵之家公子哥儿，头脑简单，精力旺盛。因为从小生活在特权中，脑子里没有规则法理的概念，没有畏惧的东西——对主子也就是帝王也是一样。这与他们的人品无关，这是特权养育的必然结果。一个从来不必遵循规则的人不可能有对任何规则的尊重，即便时势所迫暂时遵循某种规则，也不会把它当真。当有机会破坏时，他们是不会有任何心理障碍的。

二、军中的不安定因素

前面已经说过，隋炀帝大业十二年去江都是为避难，当时全国各地已经民变蜂起，局势混乱。炀帝带着他的大部分亲信和后宫，带着浩浩荡荡的护卫亲兵，进行他执政生涯中的第三次南巡。他出发时，忠心耿耿的人民拉着他的马头说：“陛下这一走，天下就不再是陛下的天下！”他们说的没错，炀帝刚到江都，瓦岗军就取得了洛阳附近区域的占领地位，从此阻断了炀帝一行的西归之路。没过多久，自己的封疆大吏李渊又抄了西京大兴老巢，让他干脆无家可归了。

杨广并不太担心这个问题，因为他本来就不想回去了。江都宫室由张衡、王世充等人先后督造，建筑精巧，靡费无数，住起来很舒适，他很有老死温柔乡的打算。但随他南巡的属下们特别是几万骁果军将士们并不这样想，他们是只身南来的，亲人都在关中，如今局势混乱消息不通，他们都纷纷担心想念家人。炀帝在江都一待就是两年，不提回返，想家、埋怨的情绪在军中弥漫，三三两两聊到热烈处，不由得发出诸如“逃回去”“反回去”等极端之语。

对这些破坏稳定大局的煽动性言论，时任武贲郎将的骁果总领司马德戡等人也心有戚戚焉，他和武贲郎将元礼、直阁裴虔通私下讨论时局，说：“听说陛下想在丹阳筑宫，永远留在这里，现在军中人人都想逃走。我要是揭发这事吧，按陛下的脾气，他会第一个杀了我。我要是不说呢，真有人跑了，我全家都得被杀。你们说我该怎么办呢？”裴虔通等人不由地点头：“确实会是这样。”德戡又说：“我听说关中已经陷落了，李孝常叛变，陛下把他在这边的两个弟弟都抓了起来，准备都杀了作为惩罚（李渊进兵大兴时，华阴令李孝常献出永丰仓降唐，隋炀帝闻知后将其随驾江都的弟弟李孝本、李孝质系狱）。我们这些人家属都在西安，恐怕早晚也有这一天啊！”裴虔通等皆慨叹：“说实话，我觉得说不准哪天自己也就被杀了，真是一点办法都没有。”越谈，大家越绝望，只觉得前途黯淡，命运忧心。酒酣耳热之际，司马德戡说：“不如咱们跟着骁果一起跑了罢！”“是啊！留在这儿早晚也是死，不如跑了算了！”大家纷纷响应。

不安的情绪在高级将领中蔓延，内史舍人元敏，鹰扬郎将孟景，符玺郎牛方裕，直长许弘仁、薛世良，城门郎唐奉义，医正张恺等等，日夜聚在一起谈论着同样危险的话题。在共同的怨忿和恐惧之

一个从来不必遵循规则的人不可能有对任何规则的尊重，即便时势所迫暂时遵循某种规则，也不会把它当真。当有机会破坏时，他们是不会有任何心理障碍的。

下，大家约为刎颈之交，从此言无回避，每次交换如何反叛、如何逃跑的方法和细节，牢骚日益朝着计划而去。

三、半路加入造反团

军队毕竟在外围，还需有内应才好成事。“密谋团”里的赵行枢与宇文智及相识，勋侍杨士览又和宇文家沾亲。两个人找到宇文智及，打算把他也发展进来。

宇文智及从来就是个唯恐天下不乱的人，他做事是不考虑后果的。听到这个消息，他立刻兴奋地去找司马德戡商量大计，相约在三月十五日举兵同叛，劫十二卫武器马匹，虏掠当地人的财物然后一起西归。宇文智及个人的想法更大些，毕竟西归不西归对他来说意义没有其他家在关中、有实际需要的军士们那么重要，他说：“这事不止是逃跑那么简单啊，现在隋已经该亡了，英雄并起，咱们做的是大事，是帝王业也”。司马德戡其实没有那么远大的理想，不过革命事业以团结为重，不管有什么意义只要能干起来就行，于是对宇文智及表示赞同。由于宇文化及在上层关系更广、地位更重，赵行枢等人提议把化及也拉进来，以化及为主，大家都同意，便通知了化及。

别看宇文化及当初曾以“轻薄公子”之名横行长安，但那是因为有人可仗而已，他本人实际上是个十分懦弱的，真遇到关键时刻早就被吓傻了。听到这个会杀头的消息，他脸色大变，浑身冒汗，很久才镇定下来。既然宇文智及已经在谋反者之中了，自己反对也来不及，他只好答应参与其中。

大业十四年（618年）三月一日，司马德戡准备起事。虽然“回家”已是主流情绪，但备不住有个把忠心卫主之士坏事，而且别看大家都那么想，真遇到点困难绝对纷纷后退。要想断了大家改主意的路，必须出狠招儿。司马德戡找来军医许弘仁、张恺：“您二位是政府派遣的良医，你们传点消息，大家肯定相信。请二位遍告所识者，就说‘陛下听说骁果欲叛，已经准备了大量毒酒，最近会开大型宴会，在会上把大家都毒死，这样就可以与南方人留在这里’。大家听了必然害怕气愤，咱们的事情就能成了。”该月五日，许弘仁等宣布了这个爆炸性消息，谣言立刻以病毒传播的速度传开，群情哗然。司马德戡知道局势已定，于该月十日总召故人，宣布反了这个不值得托付的政府。所有人都慨然听令：“唯将军命！”

四、弑主

大业十四年（618 年）三月十日，是隋朝历史上最为重要的日子之一。这天天象异常，白天刮起大风，天色阴暗，白昼如同黄昏。当天晚上，元礼、裴虔通在皇宫殿阁值班，负责殿内安全，唐奉义负责城门安全，这几个人都是造反团伙成员。三更时分，司马德勘在东城集结士兵数万人，燃起火把，跟城外部队互相呼应。

杨广在宫中看到了火光，而且听到了外面的喧哗，问发生什么事，裴乾通说："草料库失火，士兵正会同城外的人扑救。"当时宫内跟外界隔绝，杨广就相信了。

城内已是一团乱，四处都有士兵行动。燕王杨倓（杨广的孙子）发觉情势不对，假称生病，深夜要求进宫，被裴虔通等人逮捕囚禁。

三月十一日凌晨，司马德勘把军队交给裴虔通，替换掉了宫城各门卫士。裴虔通率兵进入成象殿，杀掉非造反团成员独孤盛将军，下令关闭所有城门，只开东门，驱逐殿内所有禁卫军军士。军士们发现情形不对，纷纷扔下武器逃走。

宫内已都换成了自己人，司马德勘即率军从玄武门进入宫城。杨广听到政变的消息，换了衣服逃到西阁。裴虔通跟元礼骑马闯进永巷，问："陛下在哪里？"有宫女出来指了指西阁，校尉令狐行

既得利益者也有受不了暴政的一天——既得利益要有稳定的社会才能得以享用，天下都被搞乱了，再大的利益还能爽几天呢？谁不为未来操心啊！

拔刀直进，冲到门外，杨广隔着窗子问："你是不是要杀我？"令狐行说："不敢，只是打算请您西返。"

杨广走下阁楼，看到了裴虔通——这是他当晋王时候的老亲信，没想到如今成了敌人。杨广很是讶异，问："你难道不是我的故人吗？有什么怨恨，竟然要谋反？"裴虔通说："臣不敢反，只是将士们想回家乡，请您回京而已。"天亮之后，造反团派骑兵去接宇文化及，宇文化及不知事情发展得怎样，害怕得抖成一团，说不出话。有人来晋见，他也只是低着头，不断说"罪过"。等被接到宫城，司马德勘把宇文化及引到金銮殿，尊称他为"丞相"。

西阁中，裴虔通对杨广说："文武百官都在金銮殿，陛下必须亲自出去慰劳。"说罢把自己所骑的马拉过来请杨广上马，而杨广声称马鞍太破，不肯上，裴虔通找人换了一副新鞍新缰绳，杨广才不得不跨上马。

裴虔通一手拉缰，一手提刀，将杨广带出宫门。政变的军士们大声号叫，声震大地。宇文化及看了恐惧，说："把这东西弄出来干什么？还不带回去下手？"政变军再把杨广拉回寝殿，准备杀掉。

人之将死，杨广叹息："我有什么罪？你们这样待我。"军士马文举说："陛下背弃宗庙，不停地巡游，对外不断发动战争，对内荒淫奢

图为《隋炀帝艳史》第四十回插图“弑寝殿炀帝死”

侈，让全国的青年死在刀下，妇人孩子的尸体填满沟谷，人民失业，盗贼遍地。宠信小人，粉饰太平，还不听规劝。还好意思说没罪？！”杨广说：“对人民，我是辜负了。可对你们都不错，你们荣华富贵，应有尽有，而且都到顶点，为什么还这样做？今天的事，谁是首领？”司马德勘说：“普天之下全都怨恨，岂止一个人？”

杨广这句话问得有道理：这些人都是这个政权的既得利益者，世受朝恩，得到的好处无人能及，怎么也会颠覆政权呢？他所不能明白的是，既得利益者也有受不了暴政的一天——既得利益要有稳定的社会才能得以享用，天下都被搞乱了，再大的利益还能爽几天呢？谁不为未来操心啊！

政变军要向杨广动手，杨广仍在摆谱：“皇帝自有皇帝的死法，怎么可以死于刀锋？拿毒酒给我。”被马文举等拒绝。杨广发现无望，解下丝巾，让人将自己勒死，时年50岁。朝臣中忠于杨广的和被认为迎合过其暴政的数十人被杀，其中包括跟杨广说民变都被荡平了的虞世基、替杨广大治冤狱的裴蕴，还有帮杨广征辽、镇反的大将来护儿。杨广的儿孙子侄们也都被杀，只留了一个秦王杨浩，立为帝。

宇文化及这番砍杀，初以为是迎合全天下的共同愿望，没想到随即就把自己推上了火架。东都留守的越王杨侗骂他“生成之恩，昊天罔极，奖擢之义，人事罕闻。化及枭獍为心，禽兽不若，纵毒兴祸，倾覆行宫。诸王兄弟，一时残酷，痛暴行路，世不忍言。有穷之在夏时，犬戎之于周代，衅辱之极，亦未是过。”窦建德的属下也是类似评价，“宇文化及与国连姻，父子兄弟受恩隋代，身居不疑之地，而行弑逆之祸，篡隋自代，乃天下之贼也。”这代表了当时民众的普遍看法。别看大家都恨炀帝，可在君如父的价值体系下，弑君就是杀父，那不是社会能接受得了的。宇文化及的“起义”，从这一刻开始，就成了人人得而诛之的邪恶代表，一点合法性都没了。

五、被推上高位的笨蛋

政变完成了，下一步就是回家。三月二十七日，宇文化及命人搜罗江都船只，全城戒严，数万骁果部队护卫下的一群人踏上回长安的路。皇后和六宫都按照老规矩作为御营，营房前另外搭帐，宇文化及在里面办公，仪仗和侍卫的人数，都比照着皇帝的规模。宇文化及自命为大丞相，组成了一个流亡政府，顺便接收了杨广的六宫。由于并不清楚大丞相怎么当，也没真的管过国事，他只会学个样子，每天在御帐中面南而坐，有人进帐请示问题他就一言不发，直到下帐后才收集齐了白天百官递交的文书，找唐奉义、牛方裕等人一起讨论裁决。至于新帝杨浩只是个摆设罢了，并没有实际参政权。

大业十四年（618 年）六月，宇文化及到达黎阳，与李密属下徐世勣军对峙。李密率步骑兵二万人驻扎清淇，与徐世勣烽火联络，上下呼应，深挖沟高筑城，不和宇文化及正面交战，以拖垮疲惫缺粮的宇文军。为达到这一目的，他用了很多方法来实行“敌疲我扰”的战略。

两军隔淇水对阵，书生起家的李密羞辱宇文化及：“你们宇文家本是匈奴人的家奴，姓破野头，父子兄弟都受隋朝厚恩，荣华富

宇文化及靠着投胎得到的特权地位，又靠着高贵身份在政变中被推为主，却既无领导才能，也无人格魅力，纯粹是被时势推到前台的。俗话说，猴子爬到高处，才会被人看到屁股是红的。

贵，一连几世，政府中找不出第二家。现在反而成为叛逆，谋杀君主，不效法诸葛瞻的忠诚，却学霍禹的恶行，天下之大，对你都不会收容，看你往哪里逃！”

这一大段话，里面包含了好几个让宇文化及头大的掌故。“破野头”这事，要追溯到北周之前，宇文皇族赐家奴姓宇文的历史，这事离现在太远，又不太体面，宇文化及自然不了解。诸葛瞻是三国时期的人，诸葛亮的儿子，为保护刘禅，与自己的儿子一起以身殉国，所谓“三代忠良”；霍禹是西汉时期的贵族，因谋反而被汉宣帝诛杀。想听懂这一段话，需要知道这么多历史，这严重地考验到了不学无术的宇文化及。他很想马上想出一段有力的话反击回去，但低头思索半天，从记忆库里检索这几个词条，就是不成。过了很久，他因羞而怒，瞪大双眼高声大叫：“我跟你要说的是厮杀，谁要听你那一套书上的话？！”于是李密不出手就先赢一局，深深挫伤了宇文化及的自尊心和自信心。

此后，李密军又挖掘地道不断偷袭宇文军，趁宇文军不备焚毁其攻城武器，以赠粮食为诱饵促使对方大吃大喝……利用宇文化及的笨，大大地削弱了精锐中的精锐——骁果军的战斗力，令宇文化及暴跳如雷。想求战，李密却不理他，直把宇文化及耍弄得筋疲力尽，才与其对战。不过即便在这样的情况下，宇文军与李密军在童山脚下的一场大战，李密虽然赢了，俘虏、受降宇文军两万多人，但李密军也是元气大伤，李密自己都险些阵亡于这场战役当中。可见杨广原本留给自己的骁果军有多厉害。

宇文化及失败后，他属下多名部将和官员带兵投降李密，宇文化及的残军只剩两万。他率军北逃，打算在北方寻找机会。

六、穷途末日的最后疯狂

宇文化及靠着投胎得到的特权地位，又靠着高贵身份在政变中被推为主，却既无领导才能，也无人格魅力，纯粹是被时势推到前台的。俗话说，猴子爬到高处，才会被人看到屁股是红的，他就是如此。没被推上去时大家只知他有高贵血统、风流名气、宽广人脉，等真到被众人依靠的时候，大家才发现他完全靠不住。

从他上台之后，针对他的背叛就没有停止过。

最早是骁果的沈光。沈光是杨广在征高丽战场上亲自发掘提拔起来的人才，对杨广颇念知遇之恩。流亡大军坐船西归时，宇文化及任命骁果的折冲郎将沈光率给使营，负责御营安全。虎贲郎将麦孟才等跟沈光密谋：“我们受先帝恩遇，如今低头侍奉仇敌，有什么面目活在人间？我一定要杀了他，死了也没有什么遗憾的！”于是约定率故旧数千人第二天早上出发时袭击宇文化及。没想到消息走漏。沈光发现事败，立即提前行动，持刀冲进宇文化及营帐，但里面已经没人。赶来的司马德戡率兵包围御营，杀掉了沈光，沈光手下几百人包括麦孟才全部战死。

第二个是司马德戡本人。西归船队行至彭城郡，运河不通，需改陆路。流亡军队再夺当地人牛车共两千辆，用来装载宫女、珠宝。而武器铠甲，都交给士卒背着。道路遥远，军士疲倦，三军开始有了怨言。加上宇文化及当了头儿之后行为奢侈，不逊于当年杨广，大家等于才出虎口又入狼窝。他又没有什么领导才能，很多人开始后悔当时推他为主，其中就有司马德戡。司马德戡对赵行枢说："你算是害了我了。当今拨乱反正，必须有英明的领导。化及这么废物，早晚把咱们都连累了，怎么办？"赵行枢说："他是咱们推上去的，废了他又有何难。"

可是请神容易，送神可就难了，谁尝到了权力的滋味也不会轻易放弃。司马德戡、赵行枢等策划，准备用后军袭击诛杀宇文化及，改立司马德戡为主。怕自己势单力孤，先派人到山贼孟海公那里，联合他做外援。因为等待孟海公的回音，他们暂时未动手，而许弘仁、张恺知道了他们的计划，赶快秘密报告给了宇文化及。得到情报的宇文化及派宇文士及装作游猎，到后军司马德戡处拜访。司马德戡还不知道事情败露，出营迎接，宇文士及趁势将其逮捕。

人被押回大营，宇文化及责备司马德戡道：“我和阁下共同努力平定海内，冒着天大的风险。如今事情刚刚成功，正想一起保富贵，阁下又为何要谋反呢？”司马德戡说：“本来杀昏主，就是受不了他的荒淫暴虐；推立足下，却比昏主有过之而无不及；我迫于人心，也是不得已。”宇文化及无语回复，下令吊死了司马德戡，并杀了司马德戡十九名同党。

第三个轮到了张恺。大业十四年（618 年）九月，从李密那里败退的宇文化及走到魏县，张恺等人对宇文化及终于失去了信心，密谋要离开他。事情败露，宇文化及杀了张恺等人。

算上在与李密一战中投降李密的将士高官，宇文化及身边已经剩不了多少追随者了。心腹一一失去，队伍也人心散了，宇文化及与智及兄弟二人（宇文士及此前被派出去寻找军粮）更无他计，陷入颓废之中，每天就是聚在一起喝酒。喝多之后，就互相埋怨。宇文化及骂智及：“当初我什么也不知道，都是你害的，非要推我为首。如今一事无成，人马日益减少，还背上弑君的罪名，天下之大，没人能容下，要是被灭族，还不是都是因为你？！”说完搂着两个儿子哭起来。智及也骂：“当初事情成功的时候你怎么不说这种话？现在要失败了，又想归罪于我。你怎么不杀了我投降窦建德？！”

反反复复不断争吵，好几次还打了起来，说话也不分大小，酒醒后就再把自己灌醉，每天如此。部下逃跑的更多了，宇文化及走到穷途日暮，知道早晚完蛋，叹息道："人生自然是要死的，怎能不当一天皇帝呢？"于是用鸩酒毒死了秦王杨浩，在魏县登基称帝，国号许，设置百官。

七、游戏结束

他称帝后的第二年也就是武德二年（619 年），一月十八日，唐的淮安王李神通在魏县进攻宇文化及，宇文化及抵抗不住，向东逃往聊城。李神通攻克魏县，杀死、俘虏两千多人，带兵追击，并包围聊城。宇文化及用珍奇货物引诱海边的山贼，山贼首领王薄——就是唱"无向辽东浪死歌"，煽动民众叛变大隋，最早投入起义事业的王薄——率众跟从宇文化及，与宇文化及一起守护聊城。

唐攻宇文化及，是为占据领土、消灭竞争者乃至最终统一河山，这很可以理解。而此时割据河北、山东的起义军首领窦建德为了另一个目的也瞄准了宇文化及，他对部下说："我是隋朝百姓，隋是我的君主；现在宇文化及叛逆杀了皇帝，就是我的仇人，我不能不讨伐！"也带兵开赴聊城。

虽然背叛的是别人的皇帝且是暴君，但李渊也不容，因为都是皇帝，只有保护了别的皇帝的权力，才能同样捍卫自己的权力。自己杀可以，别人杀不行，杀皇帝也是需要争夺的特权。

宇文化及没有了粮食，向李神通请求投降，遭到了拒绝，李神通想活捉宇文。但窦建德军赶到，李神通失去了机会，势弱的他只好撤离。窦建德从四面猛攻聊城，同为农民起义军的王薄关键时刻站到自己人一边，开城门迎入了窦军。

窦建德进城，活捉了宇文化及，先去拜谒了隋萧皇后，言语都自称臣下，身着丧服哭隋炀帝以尽哀节；收拾隋传国玉玺及车驾仪仗，安抚隋朝的百官，然后，捉住政变主谋宇文智及、杨士览、元武达、许弘仁等，割下首级悬挂于军营门外。再用槛车载宇文化及和他的两个儿子到襄国，以更正式的仪式将他们斩首。待到临刑，别人问宇文化及有什么要说的，他只说了句："不负夏王！"这句话怎么解释，我一直没有想明白。

宇文士及因之前被宇文化及派出去求粮，得以逃脱，后来降唐。裴虔通因为之前被派守徐州，也未在被捕之列，后来也降唐，但最终以弑逆隋帝的罪名流放。虽然背叛的是别人的皇帝且是暴君，但李渊也不容，因为都是皇帝，只有保护了别的皇帝的权力，才能同样捍卫自己的权力。自己杀可以，别人杀不行，杀皇帝也是需要争夺的特权。

权力会使人眩晕，天生特权就更如此。从小做什么事情都手到擒来，他不会认为这是“拼爹”的结果，他会错误地估计自己的能力，以为这是自己个人奋斗造成的。身边再有几个人捧，就更容易忘乎所以，以为自己是天才了。

八、最亲的人也不可靠

宇文化及兄弟、司马德戡、裴虔通，江都政变中的几个核心人物，都是统治阶层里的特权者。宇文兄弟不必说了，司马德戡随杨素讨过杨广的兄弟汉王杨谅，随炀帝本人征过辽左，是炀帝面前的红人、亲信，是炀帝最为信任的亲密战友，在江都时统帅最核心的骁果万人，在城内扎营。裴虔通在杨广还是晋王的时候就是身边随从，杨广即位后又一直随军出征。对于这些人来说，官职都是次要的，他们与炀帝的关系，是心与腹的关系，手与足的关系，应该说一荣俱荣一损俱损的关系。而他们的叛变，说明统帅身边真无可信之人，历朝独夫们爱多疑，确有其道理。

杨广最不能理解的，恐怕就是宇文兄弟的背叛，当宇文化及说“把这东西弄出来干什么？还不带回去下手”的时候，他的心都要碎了吧？且不说他对宇文家有多宠幸，就说反叛这事，兄弟俩有什么啊？离开了这个政权，离开了杨广的庇护，他们能干什么？

但宇文兄弟不会这样想，在被推上高位的那一刻，宇文化及除了会害怕万一失败身家覆灭外，不会认为自己没有能力承担这一切，而勇于往上冲的智及就更不会往这边想。权力会使人眩晕，天生特权就更如此。从小做什么事情都那么容易，想得到什么都手到擒来，他不会认为这是“拼爹”的结果，他会错误地估计自己的能力，以为这是自己个人奋斗造成的，顶多能承认家世给他带来更高的眼界和更广的见识而已。身边再有几个人捧，就更容易忘乎所以，以为自己是天才了。

宇文智及踊跃加入是因为他认为自己有能力有机会做一件大事，“帝王业”鼓舞着他忽略隋室给他家的恩德——反正他也没多在乎这恩德，来得太容易的东西都不会太值钱。在造反团中他是志向最远大的一个，因为他最不知道自己吃几两干饭。

最亲的人最忠诚吗？斑斑史迹显示，这还真不一定。史上好几个皇帝都是被自己着急接班的儿子干掉的，儿子都不可信，亲信家奴又怎样呢？越接近权力顶峰的人，越知道身居权力顶峰的好处，谁不觊觎？归根结底，都是集权惹的祸啊！

第九章　严防死守的对象

隋朝廷不是全无危机感。在两位皇帝执政期间，一直都对可能危及社稷的重点地区和重点人群严加防控，采取了很多措施。而在隋朝末年参与颠覆政权的各种势力里，大部分都是隋朝廷所没有预料到的人，比如杨玄感、王世充、宇文化及和由老老实实接受管理的普通农民发展而成的起义者们，只有很小一部分才是隋政权一直当做不稳定因素防备的，萧铣就是其中之一。

一、严防死守的对象

萧铣是后梁宣帝的曾孙，曾经的皇族成员。这个后梁不是五代十国时候朱温的后梁，而是南北朝时期向西魏称臣的南梁遗朝。在北朝被北魏统治多年期间，南朝历经了宋齐梁陈四个朝代，其中梁被陈取代时，梁在江陵一代的地盘被北魏分裂出来的西魏入侵，并扶植了一个傀儡政权，仍称梁，史称西梁，也叫后梁。这个小朝廷在西魏被北周取代后又成为北周的附庸，到隋文帝篡周后被吞并。

萧铣虽然是皇族后裔，但并未享受过什么皇族的待遇。他的祖父萧岩是后梁明帝的兄弟，隋吞并后梁后，率众逃到了陈国，被封为东扬州刺史，但没几年陈国也被隋灭了，萧岩以“叛国罪”被杀，萧铣自此失去了生活来源，以教书为业养活母亲。

在隋朝末年参与颠覆政权的各种势力里，大部分都是隋朝廷所没有预料到的人，只有很小一部分才是隋政权一直当做不稳定因素防备的。

梁陈遗民在隋文帝时期颇受打压，一方面是因为新征服地区，官府对这些人有疑虑之心，怕其不服。隋征服南方二朝后，尤其是征服陈之后，对南方采取抑制政策。《钟南淮北区域》卷一载："至隋平江南，建康城邑宫阙，皆平垦为田。"然后又修建大运河、建东都洛阳，以加强对南方地区的军事和经济控制；另一方面南北经过长期分裂各自形成了不同的文化和习俗，互相看不惯，处强势地位的北人自然会歧视压制南人。许多南方名士贵族在此期间都只能在北方贵族府中做奴隶食客为生。没加入幕府的就如萧铣一样过着艰苦的日子。

这种状况在炀帝上台后有所改善。因为炀帝在隋伐陈后长期镇守江都，安抚南方，对南方比较有感情。他又娶了西梁明帝萧岿的女儿为妃，后升其为皇后。这虽是一桩政治婚姻，但他们夫妇感情一直不错，炀帝的重大事务，都有她的陪同。作为萧后的远亲（他们有共同的曾祖父），萧铣被提拔为罗县（今湖南汨罗市）县令。这个官很小，考虑到萧氏皇族剩的人并不多，萧铣就算远亲，也该得到比这个更大一点的官，给他这样小的官恐怕还是有打压的因素。萧氏皇族进入隋朝廷的还有两个人，一个萧琮，一个萧瑀，都是萧皇后的亲兄弟，他们曾位列内史令、内史侍郎这样的高官，但后来也都因为隋室对南朝旧人的防备，而被免官或挂起。

终隋一朝，都在政策、用人等方面采取了多种措施严防死守梁陈遗民搞复国运动，没想到最后破坏了社会稳定的倒是被他们认为最无抵抗力的普通农民和下级官吏。而社会失稳之后，曾经被严防死守的不稳定因素也就有机会冒头了。

萧琮、萧瑀的挂起是因为民间流行的一句谶语——“萧萧亦复起”，隋室担心梁陈故人会搞复国运动。终隋一朝，都在政策、用人、地方管理等方面采取了多种措施严防死守这种情况的发生，隋炀帝上任后更是把工作重心都移到了南方，没想到最后破坏了社会稳定的倒是被他们认为最无抵抗力的普通农民和下级官吏。而社会失稳之后，曾经被严防死守的不稳定因素也就有机会冒头了。

二、复国运动

大业十三年（617 年），天下已经大乱。长江以北地区变民纷起，呈燎原之势。派去镇压的隋军顾得了这头，顾不了那头。南方由于此前被压制得比较厉害，起义者出现的相对晚些，之前只有刘元进、朱粲等几路人，但政府控制力降低后，慢慢也就多了起来。

这年十月，巴陵（今湖南岳阳市）校尉董景珍、雷世猛，旅帅郑文秀、许玄、万瓒、徐德基、郭华、张绣等人策划占据巴陵郡，背叛隋朝廷。大家推举董景珍为主，董景珍说：“我向来贫寒微贱，不能服众。罗川令萧铣是梁王室之后，他宽仁大度，有武皇遗风。我听说帝王之兴，必有符命。隋的冠带都叫作‘起梁’，说明萧氏早晚还会复兴。现在推举他来领导大家，以应天顺人，不是更好吗？”

萧琮、萧瑀（图为《凌烟阁功臣图》中萧琮绣像）的挂起是因为民间流行的一句谶语——“萧萧亦复起”。

他写信给萧铣表达了这个意思，萧铣很高兴，回信说：“我先君以前事隋一直很恭敬，它却贪我土地，灭我宗祊，我因此痛心疾首，一直想雪耻。今天你们有这样的心思，我将复兴梁朝，徼福于帝！”随即以抗击盗匪的名义，募兵数千，准备呼应董景珍等人。

萧铣尚未出发，赶上颍川（今河南许昌市）的山贼沈柳生带兵进攻罗川城，萧铣与之交战不利，就对沈柳生的部众做策反工作，他登上城对大家说：“现在天下都造反了，隋朝的政令已经无法施行，巴陵的豪杰起兵，想推举我为主。只要听从他们的请求，以此号令江南，就可以中兴梁氏的国统。”沈柳生也想投奔一个更有号召力、更稳定的势力，就干脆放下武器，率众归附了萧铣。萧铣自称梁公，将隋朝的服色和旗帜都恢复为梁朝的旧制，任命沈柳生为车骑大将军，不久后又称梁王。此后五天内，前来归附的有几万人。

萧铣率众赴巴陵与董景珍会合，董派徐德基率领巴陵郡的豪杰几百人出来迎接。沈柳生见此情形，与他的党羽商议道：“我先推举梁公的，功勋当居第一位。如今巴陵的诸将，都是位高兵多，如果我进城，反而要位于他们之下，不如杀掉徐德基，扣押他们的首领，我单独扶制梁公，进取巴陵郡城，那样就没有地位高于我的人了。”于是他杀死了徐德基，进军营告诉了萧铣。萧铣闻听大吃一惊，说：“现在要拨乱反正，我们却自相残杀，我不能作这样的首领。”说罢走出了军门。沈柳生大为惊慌，跪在地上请罪。萧铣责备沈柳生，又赦免了他，然后全体列队入城。

董景珍对萧铣说：“徐德基是倡义大业的功臣，沈柳生却无故擅自杀害了他，不杀此人，怎么能治理国家？况且沈柳生作了很长时间的强盗，现在虽然参预大义，但其凶恶悖逆的本性未改，我们与他共处一城，势必会生变乱，不趁现在杀了他，否则后悔就晚了！”萧铣听从了董景珍的意见，让董景珍杀了沈柳生，沈柳生的党羽也都溃散离去。

沈柳生事件是萧铣起事中的一个插曲，不过这个插曲奠定了他后来遭遇的基础。后面发生的很多事，都可以从这里找到渊源。

大业十四年（618 年）四月，萧铣即皇帝位，设置属官，完全遵照梁朝的制度，董景珍等七位功臣都封为王。萧铣派杨道生攻克了南郡，把都城迁到江陵，修复了园林宗庙。此后派人先后出击岭南、交趾、始安等地。萧铣的军队并不强，但都赶上了合适的时候，很多地区的隋官先是组织了很有效的抵抗，但得知隋炀帝的死讯

> 萧铣有复国之心，却没有这个能力，这当然与他个人的性格和水平有关，史书说他“性外宽内忌，疾胜己者”。

后，都归附了他。到武德二年（619年）时，长江以南大部分地区，东从九江西到三峡，南到交趾，北到汉川，都为萧铣所有，他有了四十万能作战的军队。

三、先天不足，后天失调

萧铣有复国之心，却没有这个能力，这当然与他个人的性格和水平有关，史书说他“性外宽内忌，疾胜己者”，但客观上他也有太多先天不足。

首先，隋从征服南方统一全国之后就采取了很多措施防止被征服地区的反抗与分裂，他们将梁陈两室主要皇族都移到了北方，授予官职或封以爵位养了起来，其实也是看管起来；皇室中不肯合作或暗怀反心的都予以处死，比如萧铣的祖父；南方有影响力的士子在征服之初就被“悉播迁入京师”，从根上拔去了煽动叛乱的主心骨；而南方官员也全被派去的北人替换。经过隋十几年的清洗，他作为故梁皇族没有自己的势力，南方地区也不存在复国的群众基础，此时大多参与反叛的人，主要是因为受不了隋的暴政，而不是为了复兴旧朝。其次，他的起家是靠董景珍等人的推举，彼时董等人本来已有队伍有势力，推他无非是为说出去好听，并非心悦诚服。

他这份事业先天就缺乏政治号召力，复国梦只有他自己上心，没有忠心耿耿的人来支持；后天又少决断力和政治手段，只会等着他人拥戴，但真正的权力从来都是攫取来的，而不是从天上掉下来的。

他本来有机会建立自己的“嫡系”，沈柳生的投靠就是他的一个机会。而他当时没有抓住，听凭董景珍杀掉沈柳生，就彻底断绝了他扩大自身势力的可能，因此他始终没能获得有效管理属下的权力。四十万军队说起来好听，但没有多少是他指挥得动的。他这份事业先天就缺乏政治号召力，复国梦只有他自己上心，没有忠心耿耿的人来支持；后天又少决断力和政治手段，只会等着他人拥戴，但真正的权力从来都是攫取来的，而不是从天上掉下来的。

这个问题在他称帝不久就体现出来。武德三年（620年），萧铣因为手下的将领居功自傲、恣意骄横，又根本不听从命令，擅自杀人，他深感不安，于是宣布命令要裁军兴农，实际是想夺诸将的兵权。董景珍之弟是一名将军，就在这次被裁之列，失去权柄后心怀不满，谋划反叛，事情泄露，被萧铣杀死。董景珍当时正镇守长沙，萧铣召他返回江陵。董景珍心里感觉不妙，十一月在长沙投降了唐。萧铣派齐王张绣攻打长沙的董景珍，董景珍对张绣说：“你没见刘邦‘去年杀彭越，往年杀韩信’这样诛杀功臣的事吗？现在是我，下一个可能就是你了，为什么要互相攻杀呢？”张绣不作回答，进兵包围了长沙。董景珍打算突围，被部下杀死。萧铣随后任命张绣为尚书令。张绣仗着有功，也骄傲蛮横起来，萧铣就又杀了张绣。经过此事后，梁国的众将领都产生了离异的念头，很多人叛变，而萧铣无力阻止，他的兵力日渐衰弱。

四、体面的失败

武德四年（621 年），也就是隋亡后三年，唐初步稳定了北方的局势，基本拿下长江以北的土地，开始向南扩张。李渊派李孝恭和李靖从巴蜀地区沿长江而下，进攻萧铣。优劣之势甚明显，内部又多危机，萧铣属下大将纷纷弃城投降，唐军迅速逼近梁国国都。萧铣的主力军队此时都在江南、岭南一带作战，萧铣身边只有几千宿卫，他守了一段时间的城，自忖力量不敌，救兵不至，就对下属说："这是上天不让梁复兴吧？如果一直抵抗下去，必害百姓。现在城未破，先出降，可免暴力。你们不用担心没有人照管你们。"然后祭奠了祖庙，率官属穿麻布衣服到敌营军门，说："该死的只是萧某一人，百姓无罪，请不要杀掠！"

萧铣的这种姿态绝不是作秀，在那个时代，拔城后屠城几乎是惯例，就算不屠也会以"纵兵大掠"作为对士兵的奖励。这种野蛮做法还往往打着正义的旗号，称是为惩罚百姓的不辨是非。问题是百姓能有什么选择权呢？守城，败了会被屠；投敌，万一城中人胜利了就会被当作叛徒。左右都是个死，怎么站队都不行。而很多时候争战双方无非是为争权夺利，跟老百姓有什么关系呢？凭什么非得要求百姓站队呢？萧铣此举，免除了百姓站队的两难，在当时实在是莫大的善举了。他下令开城门时，守城者皆哭，这些人哭的不是一个政权的丧失——在这个“城头变幻大王旗”的时代，政权的变换实在没什么值得珍惜，谁是最后的胜利者谁也说不准。他们哭是感动于萧铣的善念。

李孝恭将萧铣押送长安，他们走后没几天，梁的救兵到了，且有十余万人。这个数目仍不足以与唐抗衡，但如果萧铣倚仗它与唐对战的话，也还是可守上一阵。只不过，这样也无非是让当地百姓再多受一阵战祸荼毒了。救兵看到梁国已灭，立即集体投降了。

到长安后，李渊谴责萧铣竟敢与唐争天下，萧铣回答：“隋失其鹿，英雄竞逐。我没有上天眷顾，所以被你抓了，这有什么对不起你的？”李渊恨他作为败将却无败将应有的姿态，将他斩首，死时三十九岁。

五、隋的有效防守

不能不说隋一贯的严防死守是很有成效的，在隋末那样动荡的局势中，这种原本的不稳定因素造成的动乱只有这一起，而像故陈国地区竟一起都没有。难以想象这是开皇十年（590 年），也就是隋武力征服陈国一年后，发生过高智慧、汪文进、沈玄懀等人叛乱的地方，当时“陈之故境，大抵皆反，大者有众数万，小者数千，共相影响，执（隋朝廷所派的）县令，或抽其肠，或脔其肉食之，曰：‘更能使侬诵《五教》邪！’”很明显这是反征服反统治的叛乱，是意识形态的叛乱。正是这场叛乱使隋朝廷意识到消除和防范不稳定因素的重要性，此后一边进行军事镇压，一边采取绥抚、收买政策，吸收江南望族进入体制协助管理，恢复佛寺，组织佛教学术活动来消除民众的文化抵制心理，还数次收缴民间兵器，查抄没有战斗能力的船只以巧妙解除民间武装。如今十七年过去，社会心理变化如此彻底，江南地区已没有分裂国家的意识形态，可见隋室在这方面的成就有多大。

隋在南方的分化、瓦解、收买与高压彻底消除了故陈室、故梁室的影响力，这本是出于隋长治久安的考虑，没想到它没让隋祚长存，却帮助了唐的统一。试想如果南方百姓仍存在对旧王朝的向心力，而大乱之际出现一个更有号召力的旧皇族，那么唐能否顺利收复南方地区，就很难说了。

倾政权之力做的事情，必然能收到很好的效果，这是集权体制的特点。可惜隋严防死守的就这一部分。如果在对每个社会不稳定因素都能做到严防死守的话，恐怕也就不至于有大乱的情况出现了。当然，这也要看他们能否防得过来，如果不稳定因素太多，对每一个都要安排人手盯防，那政权就会疲于奔命了，那时候就算想严防死守，也不够力气了。

第十章　趁乱投机者们

大业十三年（617年）的隋是这样的：

刘武周起马邑，林士弘起豫章，刘元进起晋安，皆称皇帝；朱粲起南阳，号楚帝；李子通起海陵，号楚王；邵江海据岐州，号新平王；薛举起金城，号西秦霸王；郭子和起榆林，号永乐王；窦建德起河间，号长乐王；王须拔起恒、定，号漫天王；汪华起新安，杜伏威起淮南，皆号吴王；李密起巩，号魏公；王德仁起邺，号太公；左才相起齐郡，号博山公；罗艺据幽州，左难当据泾，冯盎据高、罗，皆号总管；梁师都据朔方，号大丞相；孟海公据曹州，号录事；周文举据淮阳，号柳叶军；高开道据北平，张长逊据五原，周洮据上洛，杨士林据山南，徐圆朗据兖州，杨仲达据豫州，张善相据伊、汝，王要汉据汴州，时德睿据尉氏，李义满据平陵，綦公顺据青、莱，淳于难据文登，徐师顺据任城，蒋弘度据东海，王薄据齐郡，蒋善合据郓州，田留安据章丘，张青特据济北，臧君相据海州，殷恭邃据舒州，周法明据永安，苗海潮据永嘉，梅知岩据宣城，邓文进据广州，俚酋杨世略据循、潮，冉安昌据巴东，甯长真据郁林，其别号诸盗往往屯聚山。

这段话来自《新唐书·高祖本纪》里的记述，它并不是一个最

造反者中，有被“逼上梁山”当山贼，死心塌地要把这份事业干好的；也有当了山贼不图长远发展只求过把瘾就死的；也有生活不愁、地位稳定，但大乱既起何妨捞一把的。最乱的时候就是最容易投机的时候，这种时候投机客一定是少不了的。

完整的记录，而只是为李渊起家造反做铺垫而已。这之后唐又起晋阳，萧铣起江陵，先后称帝，上面提到的人里如薛举、李轨、窦建德、梁师都、刘武周等也都称帝、称天子，神州大地到处都是参与“逐鹿”的势力。这其中有被“逼上梁山”当山贼，于是死心塌地要把这份事业干好的；也有当了山贼不图长远发展只求过把瘾，死后哪管洪水滔天的；也有生活不愁、地位稳定，但大乱既起何妨捞一把的。最乱的时候就是最容易投机的时候，这种时候投机客一定是少不了的。

一、做贼的讨贼者

把有些人也列入“起义者”的行列显然是不合适的，他们从身份、动机和造反后的举动上都不符合“起义者”的定义，与其说他们是起义，不如说是浑水摸鱼。

大业末年，蔓延全国的农民起义进入风起云涌阶段的时候，陇右地区金城（今甘肃兰州）也有一个人登高一呼了。这人不仅不是农民，而且干脆是统治者——金城校尉，相当于当地公安局局长的职务；不仅不穷，而且“殖产巨万”，好交结豪杰之士，称雄于西部边地。没有迹象表明他对普通百姓有什么同情之心，他的巨万家产没分出过一分给旁人。是时隋政权已失稳，民情汹汹，改朝换代的迹象日渐明显，史书中用“人心思乱，从盗如市”来描述当时的局面。

因为陇右山贼日益增多，大业十三年（617年），金城令郝瑗招募兵丁几千人，派薛举率领去讨伐。这年四月，郝瑗在金城府摆酒宴为将士授甲，准备送他们出征，吏人咸集。而薛举和他的儿子薛仁杲及同党十三人，在酒宴上控制郝瑗，把郡县官员监禁起来，并开仓赈济百姓——同样是赈济，但这一次和李密等人的行为肯定是有区别的。综合薛举前后的举动，这次赈济不过是一次政治投资罢了，起义总要有个起义的样子，否则如何收买人心呢。

薛举自称西秦霸王，封儿子薛仁杲为齐王，召集群盗，抢掠官府的牧马。原本要求他去讨伐的山贼宗罗睺此时率众投靠，成了他的“义兴公”。经过一番征伐和收并，不久，陇山以西均为薛举占有，他拥有部众达十三万。薛举随后称秦帝，儿子薛仁杲为皇太子，迁都天水。然后继续扩张，年内部众达到了三十万，成为西部地区和崛起中的唐的巨大威胁。

把薛举一家从起义者中区别出来是有足够根据的。薛家与其说是起义，不如说是披上了造反外衣的土匪。薛举“每破阵，所获士卒皆杀之，杀人多断舌、割鼻，或碓捣之”，“皇太子”薛仁杲“多杀人，淫略民人妻妾”。他抓住庾信的儿子庾立时，为庾立不肯投降而发怒，将庾立在火上分尸，然后一点点地割下肉来让军士们吃。待他攻下了天水，把天水的富人都召来，倒吊起来，用醋灌鼻子，向他们索取财物。他的老婆也很凶暴，喜欢用鞭子打人，被打的人疼得在地上打滚，她还“埋其足，露腹背受棰”。所有人都害怕他们。

但这只土匪军的战斗力却很强，薛仁杲本人就很有力气，善骑射，军中号称“万人敌”，从山贼身份投靠薛举的宗罗睺也是一员著名猛将。大业十三年年底，薛举听说李渊平定了长安，就计划进攻长安以取得西部地区的统治地位。大业十四年（618 年）七月，薛家军进逼高墌，李渊派李世民、刘文静带兵抵抗。结果在浅水原一战大败，士兵死伤十之五六，多名大将阵亡，整个长安都震动了，李渊吓得几乎想弃城而逃。要不是此时刚好薛举生病退兵，这只土匪军就要直进长安，反隋大业就没唐什么事了。

薛举的病迅速要了他的命，此后就由薛仁杲登基接管这份事业。由于他为人更加凶狠残暴，与老爹的将领们素来不和，薛家军的势力也就衰落了。

大业十四年九月，李世民再带兵伐薛家军，宗罗睺带兵十万迎战。这一次李世民吸取了上次失败的教训，先顿兵不战六十多天，待薛军恃胜而骄，然后出城破敌，一战而胜，胜利后不眠不休，轻骑追击围城。危难之际薛家军士卒纷纷跳城墙降唐，大势已去的薛仁杲无奈只好出城投降。当年十一月，李渊在长安将薛仁杲斩首。

二、从义举到一己

薛举的起家还成就了另一个“皇帝”，这个人叫李轨，也是官家人，是武威鹰扬府司马。他“有机辩，颇窥书籍，家富于财，赈穷济乏，人亦称之”，是河西豪门大家。当薛家军肆虐陇西的时候，李轨与同郡豪门曹珍、关谨、梁硕、李赟、安修仁等互相商议：“薛举必定前来侵犯暴虐。郡官昏庸、怯懦，看情势不能抵御，但我们怎么能毫不抵抗就让自己和妻子儿女作人家的俘虏呢？不如大家同心协力共同抵抗薛举，据保河右以等待形势发生变化。”大家都很赞成这个建议。到推举一个人为首领的时候，大家各自推让，不肯出来为首。曹珍说：“我久闻图谶上说李氏应当为王，今天李轨也参加了这一谋划，这是天命。”于是大家一同向李轨跪拜，奉他为主。大业十三年（617年）七月初八，李轨命令安修仁（安氏为凉州胡人望族）召集各部落的胡人，李轨结交民间的豪杰之士，共同起兵，抓住虎贲郎将谢统师，郡丞韦士政。李轨自称河西大凉王，设置官府僚属，全都模仿隋文帝开皇年间的成例。

虽是以自保为目的的起义，但也不由自主地受到当时社会情绪的影响。参与造反的关谨等人要将隋官杀尽，分掉他们的家产，被李轨拦住了，他说："各位既然推举我为主，就应当听我的号令。如今兴义兵是为了拯救百姓，杀人越货就成了群盗了！我们将靠什么取得成功呢？"很快薛举的兵就来了，李轨遣将在昌松与其会战，大胜，斩首二千级，其余部众都被俘虏，李轨将俘虏都放了。李赟说："好容易打胜了俘虏对方这么多人，又放回去不是便宜敌人了？干脆全都活埋了吧？！"李轨说："不然。如果天命归我，就应该抓住他们的头领，这些人自然都是我的；否则，留着他们有什么用呢？"还是将他们放走了。

从这两个事例来看，李轨应该是个有思想气度、有政治经验的人，可惜他思想的闪光就闪了这两次，此后就是一团浆糊了，完全看不出有什么判断力。大业十四年（618 年），他占领张掖、炖煌、西平、枹罕，占据了整个河西地区，与薛举分庭抗礼。此时，他接到了李渊的密信，信中言辞很亲切，称他为堂弟，希望与他一起抗击薛家军，分享西部广阔的土地。他很高兴，派弟弟李懋赴唐进贡，一点没有想到唐对他的亲切和尊重，都来自于薛举的压力。这一年，黄河以西发生饥荒，人相食，李轨用全部家财救济饥民，但仍然不够，就想分发仓库中的粮食，召群臣商议，曹珍等人都同意，而故隋官员谢统师等人却说："老百姓饿死的是因为他自己瘦弱，健壮的人怎么也饿不死。国家仓里的粮食是用来防备意外的，怎么可以用来喂那些瘦弱的人？仆射（曹珍）就是想讨好人情，不为国家打算，不是忠臣。"李轨竟然认为谢统师说得很对，据此放弃了开仓放粮的想法，从此百姓官员都产生了怨恨。

大业十四年（618年）十一月，李轨登基称帝，改年号安乐——不知道他是怎么想的，也许权力的诱惑力太大，真的会使一个人忘记自己是谁。他的这个举动激怒了两个对他有重要意义的人，其一是李渊。唐武德二年（619年），李轨派他的尚书左丞邓晓入长安见李渊，献书上自称"皇帝的堂弟、大凉国皇帝、臣下李轨"，李渊当场拘留了邓晓，不让他返回，同时开始议论兴师讨伐李轨之事。此时薛举已灭，李渊已经不需要李轨这个堂弟了，而这个堂弟竟在这种时候不识时务地想和自己分庭抗礼，当然是要除掉。另一个是安修仁，这个世代凉州望族出身的胡人，在当地尤其是胡人中有着崇高的地位。他最初拥李轨带头起义是为了保家卫城，并无盘踞一方的打算，何况搞地方割据对于世代以经商为业的胡人们有着不可估量的损失。

这两个反对者为着共同的目的结合起来，李渊没费一枪一弹就解决掉了这个麻烦——安修仁的弟弟安兴贵自荐为唐说服李轨，他

权力就像魔戒，吸引着无数不知好歹的人投火自焚。帝王哪有那么好当？不称帝王，你是人人都想争取、想为我所用的武装力量；称了帝王，就失去了所有退路，成为其他野心家的公敌，只有要么成功、要么成仁两条路可走。

劝谕李轨说："凉州僻远，财力凋耗，地不过千里，无险可守。现唐廷据京师，定中原，攻必下，战必胜，如果把河西归顺大唐，您的功劳就胜过汉代的窦融了。"李轨嗤之以鼻："君无为唐诱致我。"

说服不成，也是安氏兄弟预料之内的结果。安兴贵即和安修仁偷偷引胡兵围城，李轨以步骑千余出战，大败，进城抵抗，等待外援。安兴贵传话给其他各城统领，说："唐派我来取李轨，谁敢援助灭三族。"于是各城不敢动。李轨无奈只好投降，后被送往长安斩首。

三、魔戒的诱惑

在封建专制的古代中国，称王称帝是很多人的梦想，权力就像魔戒，吸引着无数不知好歹的人投火自焚。帝王哪有那么好当？不称帝王，你是人人都想争取、想为我所用的武装力量；称了帝王，就失去了所有退路，成为其他野心家的公敌，只有要么成功、要么成仁两条路可走。你想退？不光对手不让，身边人也不会让，他们还要靠着你挡枪子，同时谋求自己的发达呢，要不当初有人劝曹操称帝时，老谋深算的曹操会说："他是要把我架在火上烤啊！"

大业十四年，一次薛举与唐交战失败时，曾心中恐慌，问他的臣属："自古有天子投降的事情吗？"他的黄门侍郎褚亮说："赵佗归附汉朝，刘禅侍奉晋室，近代的萧琮，到现在还地位显赫高贵，这种转祸为福的事自古就有。”卫尉卿郝瑗赶紧上前阻止：“陛下不应该问这种事！褚亮的话又是多么荒谬！从前汉高祖经过多次逃亡与失败，蜀汉的先主刘备屡次失去妻室儿子，但他们最后都完成了帝业，陛下怎么能因为一战失利，就要做亡国的打算呢？”薛举当然自己也不想退，就顺坡下驴，说：“我不过拿这话试试你们罢了”，然后重赏郝瑗。

李轨也有过后退的想法，大业十四年（618 年）末，李渊命鸿胪少卿张俟德赴凉州册拜李轨为凉王。张到凉州的时候，李轨已然称帝。拿到李渊的印信，他召集群臣在朝廷上议论说：“唐天子是我的堂兄，现在已在京邑做上皇帝。一姓之人不应自相争夺天下，我想去掉帝号，接受唐朝的封爵，合适吗？”曹珍说：“隋失天下，天下人共争君位，称王称帝的，岂只一人！唐在关中称帝，凉在河右称帝，本来不相妨碍。况且您已经做了天子，何必又自己贬黜自己呢！如果您想以小事大的话，可以依照过去梁国萧詧对魏的做法（即作魏的属国）。”于是李轨也没有退。

很多历史学家从人品、权谋、战略、战术等很多方面分析过薛举与李轨的优劣成败，其实人品权谋什么的都是次要的，关键是他们的野心不够小又不够大。没有小到只追求解决安定和温饱，如当

薛举与李轨的优劣成败，其实人品权谋什么的都是次要的，关键是他们的野心不够小又不够大。没有小到只追求解决安定和温饱，又没有大到经世济民或逐鹿天下，有能力、有计划从头干到底。

时大部分“起义者”那样，一旦有人可以长期解决安定温饱问题就能欢欣鼓舞投诚；又没有大到经世济民或逐鹿天下，如李密和李渊那样，有能力、有计划从头干到底。看到混乱，就觉得是机会，但巅峰对决显然不是给打酱油的人准备的。曾经有一个“退一步海阔天空”的机会摆在两个皇帝面前，而他们没有珍惜，两个人都不肯退、不能退，又没本事成功，只好成仁了。

四、突厥的带路党

大业十三年（617 年），帝国末日之前的最后阶段，在此时造反已经不再是什么抛家舍业的危险动作，而更多是一项冒险生意。谁都看得出隋快亡了，但未来属于谁并不知道。那么，为什么不会属于我呢？

大业十三年二月，朔方（陕西靖边县北白城子）鹰扬郎将梁师都杀死郡丞唐世宗，占据朔方郡，自称大丞相。为了加强实力，此前他已与边境外的突厥取得了联系、获得了支持。代价呢？当然是他即将占领的土地与财富。梁师都攻占了雕阴、弘化、延安等郡，遂即皇帝位，国号梁，改年号为永隆。突厥始毕可汗赠他以狼头大旗，并封为大度毗伽可汗、解事天子。作为回报，梁师都勾结突厥人占据河南之地，攻破盐川郡。

梁师都的起事性质已经算不上起义了，鹰扬郎将相当于地区驻军的师长，手下又有人又有枪。他的戍区地处边疆，不仅承担着对内维稳的任务，还有防范外敌的责任。而他杀地方长官又对外通敌，无论如何也难被赋予正义的意义。

炀帝死后，在西北地区唐已占据主导位置，此外就是梁师都、刘武周等几支力量。武德二年（619 年）八月，梁师都与突厥合兵以数千骑兵进犯延州，唐行军总管段德操兵力少寡不敌众，关闭城门不出战，等梁师都逐渐松懈后从背后突然袭击，梁师都的军队溃败，唐军追了二百里，攻克了梁师都的魏州。九月三十日，梁师都再次侵犯延州，段德操再次打败了他。武德三年再战，梁再败，他属下几员部将也先后降唐。

梁师都十分恐慌，彻底投靠外敌，做了带路党。他派遣他的尚书陆季览游说突厥处罗可汗说："近来中原丧乱，分裂成几个国家，势力都不强，因此都北面称臣归附突厥。如今定杨可汗刘武周已经败亡，天下都将为唐所有。师都躲不过覆灭，恐怕也会轮到可汗，可汗不如趁唐还未平定天下，像魏道武帝那样南下夺取中原，师都愿作向导。"（魏道武帝为鲜卑人，登国后征服匈奴等部，占据北方沙漠草原，随后逐渐南侵，先后灭后燕、西凉、后凉等割据势力，进入中原，统一中国北方，为中国南北朝时期的北魏政权。）处罗可汗听从了他的建议，策划莫贺咄设从原州、泥步设和梁师都从延州侵唐，突利可汗与奚、契丹、诸部从幽州南下，会合窦建德的军队，从滏口向西，会师于晋、绛二州。莫贺咄设是处罗可汗之弟；突利可汗是始毕可汗之子。幸好在出兵之时，处罗可汗突发急病去世，梁师都的路才没有带成，否则内忧再加上外患，百姓们不知会遭遇怎样的命运，五胡乱华时的惨剧也许将会重演。

因为唐一直忙着用兵中原与江南，无暇顾及梁师都，再加上有突厥保护，梁师都的偏安小皇帝做的时间挺长。直到武德五年（622年），唐腾出手来，从防守转入反攻。武德五年到六年多次击败梁师都军，几乎将其剿灭。为求自保，这个“汉奸”再次出卖同胞，恳求突厥颉利可汗向南侵略，自此，“突厥盗边无宁岁，遂窥渭桥”，给刚刚建立的唐造成了严重的边境危机。靠着突厥的协助，梁师都的势力一直割据一方。

唐到此时已基本完成统一大业，正在进行国内政权交接，内部权斗很激烈，自然更加无暇攘外。武德九年（626年）6月，李世民以非皇储身份发动玄武门政变，杀了太子李建成和弟弟李元吉，夺了父亲的权，继位成为唐太宗。完成各项安内工作后，贞观二年（628年），讨伐梁师都再次提上日程。唐太宗派柴绍、薛万均率劲卒直取朔方，一举攻破，梁师都的叔伯兄弟梁洛仁斩了梁师都投降。其间颉利可汗曾派人来救援，不过赶上大风雪，羊马多死，失去了战斗力而未救成。

梁师都虽然战斗力不高，实力很差，但运气不错，他是隋末割据政权中维持时间最长的一个，从称帝到殒命，前后历时十二年。

五、被利用的民意

在梁师都起兵造反的同一年，马邑鹰扬府校尉刘武周也在马邑郡起兵。刘武周“为人骁悍，善骑射，喜交豪杰”。曾做过隋朝名将杨义臣的将士，参与过征辽。他在马邑做鹰扬府校尉时，太守是王仁恭，也是隋朝名臣，可惜晚节不保，到马邑后竟收纳贿赂。当时天下大乱，百姓饥馁，道路隔绝，王仁恭又不敢在无皇命的情况下开仓赈恤百姓，引起了很大的民愤。王仁恭对刘武周一直不错，让他率亲军驻防太守府。

刘武周与王仁恭的侍儿发生私情，怕事情败露，依当时的律令是会杀头的，想来想去，一不做二不休，干脆煽动造反。他在街市上向百姓演讲：“今年发生饥荒，死者尸骨相枕于野，而太守却不开仓放粮救济民众，他们的心里根本就没有百姓。”本来民怨就很深，这一挑动马上引起共鸣，听者无不愤怨。刘武周又说服民间豪杰们：“盗贼已起，大家又饥饿，壮士守本分却死在沟壑。现在官粮在仓中放到腐烂，谁能与我共取之？”少年们都愿跟从。

大业十三年（617 年），刘武周带十余人杀了王仁恭，开仓赈穷人，然后向郡内各属城发布檄文，属城也都归附，刘武周得兵万余，自称太守。随后发兵破雁门、楼烦、定襄。为了取得军事上的支持，刘武周也勾结了突厥，突厥赠以狼头纛，立刘武周为定杨可汗，称皇帝，建元天兴。

刘武周没有满足于偏安一隅做小皇帝。他的手下宋金刚给他出主意，南下夺取晋阳，再图天下。刘武周军的攻击力远远优于梁师都军，给唐造成的压力比薛举还大。武德二年（619 年），刘武周派兵二万，加上突厥兵侵唐，破榆次，拔介州，进围太原。唐先后派太常少卿李仲文、右仆射裴寂、齐王李元吉去抵抗，一个比一个官大，但都战败甚至不战而逃，整个山西的城池几乎都归刘武周所有。关中震动了，李渊恐惧之下差点要决定放弃根据地太原，在李世民力劝下才没这样做。

山西是唐的起家之地，也是它重要的粮饷保障。晋阳一失，可吃十年的粮食落入了他人之手，李渊自然不能坐视。李渊又派秦王李世民带兵进讨。李世民以多次相当艰苦的战斗，破了刘武周麾下

散沙般的民众只有在“众怒”的那一刻有用，众怒被激起被利用时，有着摧枯拉朽的力量，足以帮助组织者瞬间取得权力。而任务一旦达成，无组织的他们立刻回到散沙状态。

最勇猛善战的宋金刚，收复了失地，其间差点丢了性命。刘武周和宋金刚都逃奔突厥领土。

刘武周和宋金刚是在试图摆脱突厥时死的。宋金刚想回上谷，被突厥骑兵追斩；刘武周想偷偷逃回马邑，被突厥得知，将其斩杀。傀儡也不是那么好当的啊。

六、投机客的机会

薛李刘梁，这几个人的出身先不论，他们的起兵似乎都是依从了民意。当民众为刘武周、薛举的赈济之举、动听言辞欢呼，表示枪林弹雨也要跟他去的时候，他们恐怕想象不到说着动听言辞的人心里想的只是一己私利，而他们的愤怒与感动只能成为人家的工具而已。值得玩味的一点是，这几个人绑架民意上台，上去之后立刻就跟民意没什么关系了。李轨称帝得了谁的批准？梁师都卖国有朔方民众的同意么？刘武周决意向南发展图谋天下，只是自己的一己之念而已，当初与他“共取之”的豪杰少年们，追随他一呼百应的百姓们，有谁参与过意见呢？在那愤怒的一刻，民众们想的是惩治不法、解决饥馑、恢复秩序，可惜怒完之后并没有得到想要的。利用民意上台之后的投机客摇身一变成为一个军阀，他之前以公义为口号招募来的拥护者成了他的私人武装。

散沙般的民众只有在“众怒”的那一刻有用，众怒被激起被利用时，有着摧枯拉朽的力量，足以帮助组织者瞬间取得权力。而任务一旦达成，无组织的他们立刻回到散沙状态，心中愤怒仍在，不公仍未解决，但因那个组织者已经达到了目的不再组织他们，他们就失去了力量，这力量只有到出现另一个够聪明的组织者时才能再次聚集。

不过这还不算最悲哀的，最悲哀的是，即便你在那一刻就看出了他们内心的真实意图，也改变不了事情的结果，因为你别无选择。不被这个投机客利用，早晚也被另一个投机客利用，因为你——作为民众的一员，已经无法再接受现实的状况，而你又没有别的途径、没有足够的力量可改变它。想改变，只能借助投机客、野心家。不要说不知道他们的真面目，就算知道也宁愿把这鸩酒饮下去。于是，这王朝兴衰，就成了一个封闭的循环。

不过李轨的事例提供了另一种例子。他是被安修仁等推上去的，当他不能回应民望时，又被安修仁等推了下来。安所倚仗的，是他背后的胡人族群的势力。这个族群靠着相同人种、亲缘关系等粘合成一个有组织的群体。他们可以集合出共同的利益诉求，能找到利益诉求的代表，还有能力组织武装来争取自己的利益。虽然他们人数不够多到改变天下，但至少在自己乡土之上实现了表达权益和捍卫权益。只是，这种例子太不好复制了，除了他们，天朝之下还有多少人有能力，又被允许建立这样的组织呢？！

第十一章　盗贼还是豪侠

复杂的称呼表现出时人对造反者复杂的印象——既有“义”的动机，又有“盗”的行径；既做百姓之敌，又从百姓中生。

大业末年的起义者们有很多种称呼，官府叫他们“盗贼”和“作乱者”，百姓有的也叫他们盗贼，有的叫他们“豪杰”或“义军”。领头者被史书称为“贼帅”，被百姓称为“大王”，后者这个称呼中含义丰富，有时充满尊敬，有时表示畏惧。有点家世或官职的起义者被人尊称为“公”或“明公”，普通盗贼一旦成了气候也能得到如此尊敬。而盗贼自己称自己时，除了互相叫叫“明公”表客气外也就自称为“盗”了。

复杂的称呼表现出时人对他们复杂的印象——既有“义”的动机，又有“盗”的行径；既做百姓之敌，又从百姓中生。究竟该如何评价，还真不好说。

一、仇恨从何而来

起义始于社会矛盾，始于不平。大业末年，社会矛盾已经到了十分尖锐的地步，很多起义者做贼后的第一步，就是要杀隋官。李轨被拥立为河西大凉王以保卫家乡的时候，同伙关谨等人就提出要将隋官杀尽，分掉他们的家产，因为在那几年，几乎所有地方官员都聚敛了相当多的不义之财——连曾经以清官著称的王仁恭都开始大收贿赂了，可想而知其他人会怎样。山东“盗匪”纷纷起义时，

"得隋官及士人必杀之，唯（窦）建德恩遇甚备"。鄱阳的林士弘起义称帝，各地豪杰竞相杀死隋朝的郡守县令，来响应林士弘。

这种仇官情绪甚至曾发展到无限扩大的地步，大业九年（613年）济阴人孟海公起事为盗，他和他的部众见到有引用书、史的人就会杀掉，只因为这些人被他们认为是"官"那个阶级的。而杜伏威入主丹阳的时候，"其犯奸盗及官人贪浊者，无轻重皆杀之"，这样的扩大化，反映出人们对贪官污吏的仇视程度。

官民矛盾为何会发展到如此地步？仅仅是因为官们代杨广受过吗？不完全是。官吏们是杨广统治的代理人，同时也是杨广统治的受益人。执行杨广的暴政已经挑起沸腾民怨，而官吏们又在这其中滥用职权、损公自肥。史书中总结大业末年的吏治是"王纲已紊，法令多失"，"官方坏乱，货贿公行"，逼反百姓，实在是他们共同努力的结果。

据《隋书·食货志》记载，由于隋炀帝大兴劳役、穷兵黩武，被征调的人大半都回不来，劳动力连年减少，"老弱耕稼，不足以救饥馁，妇工纺织，不足以赡资装"，人民因此陷入贫困。而隋炀帝不断外出巡幸，一切供需都由地方政府提供，地方政府不得不在租赋之外再加征税赋。这种额外的征收给了地方官敛财的机会，"吏因割剥，盗其太半"，无形中又倍添了百姓的负担。

大业七年（611年）冬，杨广筹备征辽。这年正赶上山东、河南大水，漂没四十余郡。而地方官吏受皇命所迫，“皆以征敛供帐军旅所资为务，百姓虽困，而弗之恤也”。由于征敛急迫，一些官吏钻空子大发其财。他们先贱买下军需物品，然后加价卖给百姓，再去征收，导致一天之内，物资价格翻涨数倍，而这价差都从百姓的口袋转到他们囊中。没钱，又被逼着交钱，只好强者聚而为盗，弱者自卖为奴婢。大业九年（613年），杨广下诏令关中富人按其资产数额接受摊派，为国家提供驴马，往伊吾、河源、且末运粮，好在西域诸国面前显示富有。多的家庭被摊派到数百头之数，凑不够就要去买，在这样的“宏观调控”下，每头驴的价格涨至万余钱，一些人自然又大发其财。

大业末年关中大旱，留守的代王开永丰仓赈济饥民，从仓门开始数百里，老幼云集。而负责的官吏却拖延不发，或以次充好，导致在放粮中“死人如积，不可胜计”。

“长吏叩扉而达曙，猛犬迎吠而终夕”，官员当然是执行上峰旨意，但如何执行也取决于官员自身。贵乡县令魏德深，为政时期也赶上辽东之役的征敛任务，当时国到郡，郡到县，县到乡村，每一层官吏都加一层盘剥，到百姓身上已不堪重负，而只有贵乡“不竭其力”，只求完成基本任务即可。上面征收军资，魏德深告诉县

一些清醒的官员早就预感到这个局面，以后退或不配合来表达对政权的失望，或想办法拉开与这个危险政权的距离以求自保。

内长吏“随便修营，不须过胜余县，使百姓劳苦”，于是县内百姓都很安定。可见只要不求取媚于上，不再额外中饱私囊，即便在那样的苛政下也还是可以安民的，而他的例子竟然作为特例写入史书，可以想见其他绝大多数官吏都是如何折腾百姓的。魏德深的例子当然不具备普遍意义，现实并非简单到除了一心为民的就都是贪污腐败的，有相当大的比例还是努力完成上命、将上级压力向下转嫁的而已，但这个例子还是在一定程度上反映出一些问题。魏德深被调任他处时，百姓“倾城送之，号泣之声，道路不绝”——不是所有官都被仇视，官民矛盾，还是有原因的。

一些清醒的官员早就预感到这个局面，以后退或不配合来表达对政权的失望，或想办法拉开与这个危险政权的距离以求自保。炀帝末年，卫玄等大臣以年老为由上表“乞骸骨”，那时没有官员退休制度，一旦入了官场，只有皇帝不要你，不许自己退出来。老了也要发光发热到最后一刻，实在顶不住了可以“乞骸骨”试试，看皇帝许不许你休息。不过卫玄没被允许，于是他发光发热到城破，病死在家中。大业末年，华原（今陕西耀县）人令狐德棻被授官做药城（今安徽利辛县西）长，他看到天下纷乱，时局随时发生变化，很明智地没有远程跋涉去就职。待李渊起兵反隋后，他加入了李渊下属李神通的部队，后来成了唐的大臣。

二、离心之力拦不住

大业末年的社会心态，史书中有两句话形容："人心思乱，从盗如市"，"百姓苦隋日久，及逢义举，人有息肩之望"。李渊起兵时，河东县户曹任瓌曾对他说："关中豪杰皆企踵以待义兵"，一句话描述了当时的社会情绪。

思乱首先是因为不平，巴不得有人出来惩治这些贪官污吏，或亲手参与惩治。其次是因为生计难觅，却还要负担各种苛捐杂税，当强盗不仅可以免除这一切，还有机会得到衣食。

平原郡（今山东陵县）东部有豆子航（音岗），背靠渤海郡（今山东阳信县），面对黄河，地形高低不平，水道山丘，纵横隔阂，从北齐时很多强盗都躲藏在里面。豆子航附近有个叫刘霸道的，几代为官，家境富有，喜爱行侠仗义，家中食客有数百人。大业七年（611年），因为水灾和为征辽而加重捐税的原因，山东地区人民无法承受，于是远近很多人都去投奔刘霸道。在这些人的拥戴和鼓动下，刘霸道带领他们进了豆子航"落草为寇"，部众达到十余万，拥戴刘的人称他为"阿舅贼"。刘霸道本身无须做贼，他的家底保障他可以度过横征暴敛的年月，他的起义，就是因为看到世道不平，"心思乱"所致。刘霸道和他的十万人后来下落不明，史书中没有再提，有可能被其他起义军兼并了。

大业十三年（617 年），左翊卫蒲城人郭子和，犯罪被流放到榆林。正逢榆林（今内蒙古托克托县）郡遇大饥荒，郡丞却不赈济，郭子和暗地结交了敢死之士十八人进攻郡门，抓住郡丞王才，历数他不体恤百姓疾苦的罪状，将王才处死，开仓赈济百姓，然后扯旗造反。郭子和的起义，也是因为对世道不公的义愤。他和刘霸道的产生背景，都来自百姓对义举的“息肩之望”。

大业九年（613 年），隋炀帝在第一次征辽惨败后，征调士兵再赴辽东。吴、会地区在征士卒互相讨论：“去年吾辈父兄从帝征者，当全盛之时，犹死亡大半，骸骨不归；今天下已罢敝，是行也，吾属其无遗类矣。”于是纷纷逃避兵役。为完成上级任务，郡县官府严加追捕，一时人心惶惶。去，是死；不去，被抓到也是死，只好做贼去也。章丘（今山东章丘市）贫农杜伏威无以维生，他的好朋友辅公祏挺身而出，偷了人家的羊送给杜伏威。杜伏威虽然知道是贼赃，但为了生存，也就收下了。后来这事泄露出去，官府追查得很严，当时正天下大乱，老百姓纷纷造反，炀帝情急之下，采用恐怖手段镇压，允许地方官对这些盗贼“生杀任情”，杜、辅犯的罪虽然仅是小偷小摸，但在这种严打形势下若遭处罚，与造反也没什么区别。既然如此，俩人就干脆落草，当时杜伏威年仅十六岁。这

屈突通后成为唐开国名将。图为《凌烟阁功臣图》中的屈突通像。

些人，是“从盗”的基础，只等义旗一挥，他们就会响应。

试图阻止社会大趋势是困难的，道德高尚的人也没用，因为个人魅力无法解决大环境下的现实问题，光靠道义号召不能让人接受。在盗贼蜂起、人多流亡的时候，鹰击郎将尧君素署领河东通守，随大将屈突通守城，屈突通军败，被敌军拉至城下呼唤尧，两人相对而泣，屈突通劝尧君素：“我军已败，义旗所指，莫不响应。大势如此，你不如早投降了吧。”尧君素一番大义之辞将其骂走。监门直阁庞玉、武卫将军皇甫无逸先后自东都降唐，都到城下劝他，都被他拒绝。他的妻子又至城下说：“隋室已亡，天命有属，你何必呢。”竟被他引箭射死。尧君素誓要以性命报国，对将士也都推心置腹，将士感动于他的忠义，都不敢提叛字。但百姓苦于隋的暴政已经很久，虽嘴上不说，但心里都有叛意，再加上为了尧君素的忠心，被围城多日的百姓已粮食乏绝。一个多月后，他的身边人再也不愿意为他陪葬，杀了他，叛变了义军。

> 敢于出来振臂一挥的，都不是一般人。他必须比普通人强悍，也要有足够的威信和号召力，一般都是那种轻财重义、好勇斗狠、肯为他人出头的人。

三、上山的豪侠

敢于出来振臂一挥的，都不是一般人。他必须比普通人强悍，也要有足够的威信和号召力，一般都是那种轻财重义、好勇斗狠、肯为他人出头的人。

东海人李子通，世代打鱼为生。他遇见穷苦的乡亲，必将捕到的鱼送给他们；见到谁家缺粮，只要家里还有，一定会送去；见到当地恶霸地痞欺负人，他一定会上前打抱不平。章丘人杜伏威，“常营护诸盗，出则居前，入则殿后，故其党咸服之”。就是凭着这样的侠义精神，才能将人团结到自己身边。

振臂一挥之后，事情并不自动解决，下一步比那“一挥”严峻多了。你公开宣布了与现行体制的决裂，走上与它对抗的道路，那么就要先凭战斗来保存自己再求战胜对手。没有金刚钻就揽不了瓷器活儿，如果自己不够强悍，“挥”的时候就要悠着点。起义军首领高开道一次面部中箭，他要求医师拔出箭头。医师说箭头太深不能拔出，他一怒之下杀死了医师。再找另一个医师，医师说我能拔出箭头，但你会很痛苦，高开道就把这个医师也杀死了。第三个医师给他做手术，麻药都没有，剖开他的肌肉和骨头，拔出箭头，而手术过程中高开道继续喝酒宴乐。杜伏威在一次战役中被流箭射中，他冲着对手大吼一声："不杀汝，矢不拔！"然后直冲过去，一下将吓呆了的射手斩于马下——这样的狠劲儿，有几个人具备？

对自己狠，对兄弟也得狠，软弱的人无法在丛林中取胜。杜伏威有支队伍叫"上募"，兵力五千。杜每作战必以上募为先锋，战后检查每人身上的伤痕，如伤在背后，即刻处斩，因为那表示其临阵退后。每次战胜，杜伏威都把抢掠到的资财赏给全军。如果手下战死，就以死者的财产甚至妻妾殉葬，而他的手下果然就为此冲锋陷阵。

没有军费，没有武器，没经过训练。同装备精良训练有素的官兵比起来，由普通农民变身的抵抗者们天然地处在极端弱势的地位上，他们唯一能依靠的就是敢拼命。官兵是为工资而战，他们是为活命而战，或者是为"跟对方玩命"而战，因此，其战斗力不容小觑。

四、做贼的和不做贼的

做贼是解决现实问题的好方法么？做了贼，苛捐杂税自是免了，但衣食并不会自动掉下来。那时候又没有人给提供革命经费，这么多人怎么养活？就只能靠抢，这就是官府称他们为贼，他们也自认为盗的原因。"起义"这件事并不能改变他们后来行为的性质，尽管他们这样做也是不得已。

窦建德入高鸡泊之前，张金称结众万余，依河渚间，高士达兵千余屯清河鄙上，还有王薄、孟让、郝孝德等都聚众在这一带。这些人的主要事业是什么呢？“往来漳南者多剽杀人，焚乡聚”，聚众攻城抢劫，大肆掠夺后离去，崤山以东的地方深受其害。本是因百姓不堪官府劫掠而起义的，起义后却成了劫掠百姓的另一股力量。弱者被欺负，抽刀相向的却是更弱者，这实在让人悲哀。

为防这些起义的盗贼，当时百姓都纷纷聚集起来，筑堡垒以自卫。王世充缴孟让时，就利用这种形势，骚扰缠斗孟军，致其饥饿，野外又找不到什么可供抢掠的东西。孟让留下少量兵力，分兵到南面进行抢掠。王世充趁对方松懈，挥军出击，大破孟让。隋大将裴仁基率兵降李密时，李密也曾让裴仁基、孟让率兵二万人袭破回洛仓，烧天津桥，“纵兵大掠”。

东海人李子通加入左才相起义军时，发现左才相无论官家、私家、富室、穷人，见东西就抢，建议左“贫、贤、弱皆不掳掠”，这样的要求竟被左才相拒绝。翟让聚众起义时，投奔他的人中有徐世勣，当时只有十七岁，他劝说翟让：“东郡对于您和我都是乡里，那里的人大都认识，不宜去侵犯抢掠他们。荥阳、梁郡，是汴水流经的地方，我们抢劫行船，掠夺商人旅客，就足以自给。”翟让同

没有更高层次的追求，没有对脱离盗贼身份的考虑，就只能一直做盗，害着别人也蹉跎着自己，最终只有被剿灭、或投诚、或星散几种结局。

意他的建议，于是率众进入荥阳、梁郡的境界，抢掠公私船只，因此供给充裕，来归附的人越来越多，徒众达一万余人。在那样的局势下，不抢乡里，就是山贼所能达到的比较高的道德标准了。

相对更有道德的山贼，是抢官不抢民。大业十年（614 年）八月，炀帝勉强打完第三次高丽讨伐战，从怀远镇班师回朝。邯郸山贼首领杨公卿率领部众八千人抢劫车驾后面的第八队，抢走飞黄上厩的马四十二匹而去。杨公卿这个有格调的山贼后来也不知所终，消失在史书中。榆林的山贼白榆娑，也曾抢官府的马获利，不过他同时也抢百姓。

起义军这样做是因为他们没有别的收入来源，又没有长远打算。他们起义的想法无非是先杀了贪官出气，然后躲掉让人没活路的日子，剩下的，就是过一天算一天。李密就很清醒地看到这种起义模式存在的问题，数次向翟让阐明前景："今兵众既多，粮无所出，若旷日持久，则人马困敝，大敌一临，死亡无日。""昏主蒙尘，播荡吴越，蝟毛竞起，海内饥荒。明公以英桀之才，而统骁雄之旅，宜当廓清天下，诛剪群凶，岂可求食草间，常为小盗而已！"没有更高层次的追求，没有对脱离盗贼身份的考虑，就只能一直做盗，害着别人也蹉跎着自己，最终只有被剿灭、或投诚、或星散几种结局。

可怜的是被官府和山贼双重剥削的不做贼的百姓，本来苛政已让人活得艰难了，义军蜂起后又被抢劫，再加上战乱，就真是命如蝼蚁了。隋代著名大儒，曾参与制定律令的刘炫，晚年住在河间，以教书为业。大业末年群盗蜂起，粮价飞涨，教书教不成了，工资自然也停发，很快饭都吃不上了。当时他住在郡城，与妻子相离百里，盗贼壮大起来后交通断绝，他和家人就断了联系，心情极度郁闷。他教过的学生有参加起义军的，心疼自己的老师，特地接他到军中。没多久，这只起义军被官军所破，刘炫饥饿无所依，想回县城，城里官吏认为他通贼，不给开门，他在门外守了一夜。那夜天寒地冻，一代大儒刘炫就这样冻饿而死，时年六十八岁。

五、报复社会更可怕

大业十二年（616 年）三月，在山东起事的农民武装首领张金称攻陷平恩县，一个早晨就杀死男女万余人。他又攻陷武安、钜鹿、清河各县，也都是一场杀戮。前面说过，与他同时间同地区起事的几个团伙都攻城剽掠，杀人焚屋，而张金称比其他几个团伙更为残暴，他率部所过之处，人迹全无。这不是百姓们翘首以盼的义军，官府称他为“盗贼”，实在是再贴切不过。一个多月后，隋虎贲中

王朝末日，弥漫社会的是一种末世情绪，政权在垮塌，社会在溃败，于是催生了这样一群“活着干、死了算”的人。同样是遭受过不公，有的人的反应是想铲除不公，而他们是仇视这个不公的社会，当他们有了力量时，所有人都是他们报复的对象。

郎将杨善会讨伐并抓住了张金称，官吏在闹市中立一根木柱，将张金称的头悬吊起来，展开他的手足，让与他有仇的人割食其肉，为他所苦的百姓纷纷来报仇。张金称倒是表现出一个亡命徒应有的气概，在被割肉的过程中，居然还在不停地唱歌。

像张金称这样的人，在隋末乃至各朝代末的造反者中都有，他们的确是被苛政逼迫起义的，但他们起事的目的却不是铲除不公，而是“大家一起完蛋”，同时报复性地“好好活一把”。王朝末日，弥漫社会的是一种末世情绪，政权在垮塌，社会在溃败，人们没有对建设一个美好未来的期待，也不认为还会有这样一个未来，于是催生了这样一群“活着干、死了算”的人，同样是遭受过不公，有的人的反应是想铲除不公，而他们是仇视这个不公的社会，当他们有了力量时，所有人都是他们报复的对象。

城父（安徽亳州市东南）人朱粲比张金称更甚。朱粲曾是个县佐史，为避军役逃亡聚众为盗，人称之为“可达寒贼”。朱粲自称迦楼罗王，拥有部众达十万人。他率兵在荆州、沔阳（湖北省中部）转战抢掠，一直到终南山南一带的郡县。他所部经过之处，烧杀一光，即无人烟。

武德二年（619 年），朱粲部众达到二十万人，在汉水、淮河之间剽掠，迁徙没有规律，每攻破一个州县，就打开仓库，吃光了粮储，就又转移。将离州县时，把州县其余的物资全部焚毁，城墙拆掉，一路以抢为生，因他们而饿死的老百姓尸横满道。到后来朱粲再找不到可掠夺的东西了，军中缺乏吃的，他就命令士兵烧煮妇女、小孩吃，说："没有比人肉更好吃的了，只要其他的城镇里有人，何必为挨饿发愁呢！"朱粲又征收各城堡的妇人小孩供给军队为军粮，各城堡于是相继背叛了他。后来朱粲派使者降唐，唐派前御史大夫段确出使菊潭朱粲处。席间，段确酒醉，问朱粲："听说你爱吃人肉，人肉是什么滋味？"朱粲回答："吃醉鬼的肉就像吃酒糟猪肉。"段确生气，骂道："狂贼入朝，不过是个奴仆头目罢了，还能吃人肉吗？"朱粲当即抓住段确和几十名随从，全部煮了，分给身边的人吃，随后朱粲屠杀了菊潭百姓，放弃降唐，投奔了王世充。武德三年（620年）李世民破王世充时将他抓住，斩于洛水上。行刑时被他残害过的百姓竞相用瓦砾扔向他的尸体，几分钟内瓦砾石块就堆出了一个坟冢。

比较令人不解的是，造反者彼此间也会发生各种火并行为——大家都是被逼的，山贼何苦为难山贼呢？这其中主要的原因是为扩充实力。正如造反这件事，一个人起事，必然成为悲剧，一群人起事，力量和底气就要大得多，人数越多，底气越足，也就越敢和官府对抗。即便没有更远大的理想，山贼们也还是要不断地拉更多人入伙、壮大自己的势力，只有这样才好坚持下去。还有一个荒谬的原因就是义气。造反者大多是农民，是比较强悍的“豪杰”，很在乎谁更尊敬谁、谁对不对得起谁这样的问题，很多起彼此的征战，就是为了这样简单的原因。

河间的高开道本也是个穷人，投奔起义军格谦，慢慢混到将军，格谦被隋军灭后他接收了格的部队。大业十四年（618 年），怀戎的僧人高昙晟与五千名僧人裹胁参加斋会的信众反叛，自称大乘皇帝，招降高开道，立高开道为齐王。高开道起先归顺了高昙晟，几个月后又改了主意，杀了高昙晟，兼并了他的全部人马。武德四年（621 年），高开道在幽州罗艺的规劝下降唐，但后来罗艺遇到饥荒，向高开道求救。高表示同意，让罗艺遣百姓和士兵驾着车马千匹来运粮，等兵马都到了，高却一斛粮没给，反而将车马全部扣留，吞为已有。之后高开道北联突厥，南和刘黑闼，再次造反。

章丘的杜伏威、辅公祏起兵后，多次兼并其他山贼团伙。下邳人苗海潮当时已经聚众为盗，杜伏威派辅公祏对苗海潮说：“如今我和您都是不堪忍受隋朝的苛政，各举义旗，但力量分散，势单力薄，常常恐惧被擒获，若是我们合二为一，那么就足以与隋朝为敌了。要是您能作主帅，我理当恭敬从命，要是您估计自己不能作主帅，最好前来听命，否则我们就打一仗以决雌雄。”苗海潮恐惧，

从这个意义上讲，大多时候政府“灭贼”，是维护社会安全稳定的正当之举。山贼们落草的原因固然值得同情，但他们落草后的行为却是对社会正常秩序的破坏，是对守法者、老实人的伤害，是因不公而起，制造出的另一种不公。

就率领部众归降了杜伏威。海陵起义军领袖赵破阵认为杜伏威兵少而看不起他，召杜伏威来，想兼并他。杜伏威让辅公祏率兵在外严阵以待，自己和亲信十余人带着牛、酒进入营帐谒见赵破阵，在座位上将赵破阵杀死，兼并了他的部众。不过杜伏威也曾差点被别人兼并，当时据守东海的李子通率万余人主动投靠杜伏威，却在杜不注意时突然兵变，杜伏威仓促中身受重伤，差点就死了，幸好被养子王雄诞背着藏到芦苇丛中才躲过。此后杜部、李部和同在江南当山贼的沈法兴部不断互相攻击，打成一团，先后数次混战，其规模不下于李密与王世充的几次大战。宇文化及杀完隋炀帝带兵北上后，三支队伍都想进江都城，但又都不想让别人进，在江都城门口就展开了火并，最后被精明的李子通耍了个心眼让其他两方对攻，自己占了江都。反隋大计还没完成，自己先互掐死了好多人。要是把国家交到这样的人手中，还真是让人不放心啊。

六、贼为什么灭不掉

从这个意义上讲，大多时候政府“灭贼”，是维护社会安全稳定的正当之举。山贼们落草的原因固然值得同情，但他们落草后的行为却是对社会正常秩序的破坏，是对守法者、老实人的伤害，是因不公而起，制造出的另一种不公。不过，一个正常的社会，一方面必须要惩治破坏社会秩序的人，另一方面要消除导致这些人出现的社会问题。否则，惩治了这一批，还会冒出另一批。同时，因为维护秩序的和造成社会不公的都是同一拨人——简而言之就是官府，也确实难以服人——让人守不了法的是你们，不守法就抓我们杀我们的也是你们，道理都让你讲了，这样怎能服人呢？

隋末被派去讨贼的几元大将，其战绩还都是相当优秀的。王薄在长白山起兵时，时任齐郡丞的张须陀带兵征讨，王薄恃其骤胜，未设防备，张须陀选精锐，出其不意而击之，大败叛军，斩首数千级。王薄收拢被打散的部下万余人北上渡黄河，又被张须陀追至临邑（今济南市北）击败，斩首五千余级，获六畜万计。大业九年（613年）王薄联合孙宣雅、石秖阇、郝孝德叛军十余万人攻打章邱（今山东章丘西北）。张须陀遣水军断其水运，自率二万步骑击之，叛军大败，散军溃至津梁时，又被水军所拒。张须陀水陆夹击再次大败叛军，获其家累辎重不可胜计。在他被李密设伏兵击毙之前，张须陀先后击败裴长才、石子河叛军，北海郡郭方预叛军，涿郡卢明月叛军，吕明星、帅仁泰、霍小汉等军，迫降左孝友，功威卓著。左光禄大夫杨义臣在大乱中临危受命，用了一个多月擒杀张金称，阵斩高士达，随后进军高鸡泊，占领了叛军的根据地。如果不是炀帝忌惮他的威力，怕他势力过大而将他迅速召回，山东一带重要的山贼，连窦建德一块儿，估计要被他斩杀一空了。

正如上面所说，一方面要破贼，另一方面必须得解决产生贼的机制，否则越破越多，不成了生存模式的游戏了么？

榆林太守董纯，在打击盗贼问题上下过很大的功夫。当时彭城起义军张大彪、宗世模等聚众至数万，在徐州、兖州一带劫掠。董纯趁其低估自己实力时选精锐出击，在昌虑大破敌军，斩首万余。魏麒麟聚众万余人盘踞在单父，董纯也将其击破。炀帝重征辽东，让董纯为彭城留守，东海起义军彭孝才聚众数千人，在怀仁县抢掠，然后盘踞在五不及山，董纯进击，阵前抓住彭孝才，将其车裂，余党尽散。有这样的战绩、这样强大的战斗力，董纯的任务却总也完不成。讨伐完一个，又出来一批，他频战频捷，盗贼却越来越多，于是有人告到炀帝那里，说他怯懦，不能平贼，炀帝大怒，诏狱将其处死。

江南刘元进、朱燮、管崇作乱，炀帝派遣左屯卫大将军吐万绪、光禄大夫鱼俱罗率兵前往讨伐。官军在阵前杀死管崇及其将卒五千余人，俘获其子女三万余人，解除了反贼对会稽的围困。鱼俱罗与吐万绪一起行动，战无不胜，但是百姓响应造反的人越来越多，多得就像集市上的人群一样。盗匪溃散后又聚集在一起，声势越发浩

光杀贼，不反思贼是怎么来的，船都漏了，光靠往外舀水，能有什么用？

大。刘元进退守建安，炀帝命令吐万绪进军讨伐，吐万绪认为士卒已经疲惫不堪，请求停止用兵，到来年春天再战，炀帝很不高兴，密令有司寻求吐万绪的过失，后以“怯敌”罪名将吐万绪削职为民，吐万绪后来郁郁而死。鱼俱罗看到这形势，认为盗贼不是一年半载就可以平定的，他的儿子都在东都洛阳，当时因为战乱，城内饥馑，米价暴涨。鱼俱罗感觉天下将要大乱了，为自家未来打算，开始派家仆粜米换钱，并暗中去接孩子，好全家相守度过末世。朝廷暗中得知了他的做法，认为他有异心，最后也被诏狱而斩首，全家籍没。

光杀贼，不反思贼是怎么来的，船都漏了，光靠往外舀水，能有什么用？可怜的董纯、鱼俱罗，恪尽职守的名臣名将，就这么死在了生存模式中。

七、造反也有厌了的一天

除了个别有远大志向的，和有天赐良机的造反者外，大部分落草的山贼属“激情作案”：没活路了，上山做贼，解了气，解决了吃穿，可能报了仇，也许还偶尔能发点小财。不过生活总处在与别人交战的动荡中，一切都靠抢，总不是长久之计。人的本能，还是希望过平稳规律的日子。时间久了，人们就会思念稳定的生活，尤其是当社会慢慢地回归秩序的时候。

隋末的农民起义发端于大业七年（611年）（大业六年只有过三起，基本可以算作是偶然事件），发展于大业九年（613年）至十二年（616年），到十三年（617年）、十四年（618年）时处在了秩序彻底失控、天下大乱、互相攻击的阶段，到武德二年（619年）、三年（620年）就慢慢走向平息。其中一部分在早期的造反中被官兵剿灭或是被同行兼并，存留下来的部分，后来有了机会，那些激情造反的就放下屠刀立地成佛了。

因为郡丞在饥荒时不放粮而杀郡丞起义的流放犯郭子和，起义后自称永乐王，为了有实力自保，就南连梁师都，北附突厥。始毕可汗封刘武周、梁师都为天子时，也捎带手封郭子和为平杨天子，郭子和固辞不受，于是被封为屋利设。他在大业十四年（618年）唐刚刚成立的时候就迅速降了唐，一个原因是他离唐比较近所以较容易受其影响，另一个原因是，他本身就不是真想造反的人，无意做长期割据。唐任命郭子和为灵州总管，他在唐初统一天下时起了很大作用。

北海起义军綦公顺，在李密兴起时果断投效李密，成为瓦岗军的一支。李密败后，他也迅速率部降了唐。“知世郎”王薄，降过窦建德，窦被灭后也降了唐。

淮安的杨士林家族世代都是蛮族首领，隋末，杨士林当鹰扬府校尉，起义杀了郡里官员，占据了郡县。朱粲在鄂西肆虐，杨士林和另一名当地豪族田瓒出于保卫家乡的动机，也组成武装部队，攻打朱粲，各州县都响应。朱粲在淮源和他们交战，大败，率领数千名残兵逃奔菊潭，才有段确赴菊潭招降朱粲，结果被吃的事情。赶跑朱粲以后，杨士林率领汉东四郡派使节降唐。

岭南的豪族冯盎，曾在朝中做大将，隋末天下大乱的时候，他与儿子智戴逃返岭南，聚集各部落酋长，拥兵马五万，守土防乱，平定了岭南一带的起义山贼。从番禺到苍梧（今广西梧州），以至朱崖（今雷州半岛、海南岛一带）等地全部归附于冯盎，盎自称为总管。当时曾有人游说冯盎“隋朝已灭亡了，国内外到处很乱，你现在已辖有二十州，领地数千里，还是称南越王吧！”冯盎说：“我世居南越，迄已五代。作为岭南边疆大吏的，也只有我一姓，子女钱财我都有了，人生富贵像我一样的也不多。我常常担忧的，是如何才能无愧于先人所创建的勋绩，怎敢擅自称王？”在冯盎的治理下，岭南一直保持安定。武德五年（622年），到局势已经稳定，唐统一的局面已经很清晰的时候，冯盎以自己管理的地区降唐。

还有像杜伏威，降唐之时他占据江南大片领土，势力比唐并不低多少。他在这样的局面下竟然会选择归附，再次说明他只是个激

有些割据势力领导者自己无意愿终止造反事业，但手下对山贼生涯感到厌倦，期望回到正常生活，这样的领导者就比较悲剧。

情起义、激情与人互殴，并无远大理想的人。

从大业十四年（618 年）到武德五年间，许多割据势力或者主动投降了李密、王世充等然后又投降了唐，或者被唐主动招降，总之只要有一个强大的、看起来很有前途的势力招降，他们就很愿意投靠。其中有他们厌倦了造反生活的原因，有自认为无力长期领导割据、更愿意投身于一个更合适的领导者的原因，也有觉得对方给出的条件不错、愿意有稳定的富贵生活的原因。唐执政后，景城都督府录事参军张玄素有次和唐太宗谈天下大事的时候，曾分析过这段时期的局势，他说："臣观隋末沸腾，被于宇县，所争天下者不过十数人，余皆保邑全身，思归有道"，这个判断确实是当时社会状况的写照。

有些割据势力领导者自己无意愿终止造反事业，但手下对山贼生涯感到厌倦，期望回到正常生活，这样的领导者就比较悲剧。比如高开道。高开道的起义事业持续了相当长的时间，他个人的强悍使他始终兴致勃勃地一路割据下来。直到武德六年（623 年），部下已经不再热心于和他当山贼了，都想解甲归乡，回复安定的生活，但他仍无此意。终于，部将张金树夜里一声号令，部下内外夹击，高持武器披甲而出，但重围如堵，无奈含恨痛饮，先缢死妻妾子女，而后自杀。

还有降过又叛的，比如王德仁。大业十年（614 年），王德仁拥众数万起义为盗，大业十四年（618 年）降唐。唐给他安排的职位是相州刺史，不久任命安阳令吕珉为相州刺史，改王德仁为岩州刺史，王因此愤恨不平，几个月后叛唐归附了王世充。不过后来王世充被破，没站对队的王德仁就被杀了。高开道也是降过又叛的典型之一，还有李子通，被迫降唐后又趁机脱逃，想回江南拉队伍“重上井冈山”，但在路上被抓，然后也被杀了。李子通的老对手杜伏威降唐后，他曾经的亲密战友辅公祏想再次反叛。辅公祏夺取了杜伏威养子王雄诞的兵权，并劝他也加入，王雄诞说：“今天下方平……奈何无故自求族灭乎！”辅公祏听不进他的劝告，杀了他起事，但很快被镇压了。

这几位属于典型的不识时务，看不清社会大势也就罢了，连手下人的集体心思都看不清，拿什么领导人呢？起先他振臂一呼，大家都热血沸腾，那是因为那时人人都满腔的不满和不如意，寻求改变现实生活的机会；是因为不跟随你，也没有别的选择。而现在不是了，改变现实有别的机会——可以为新政权效力、可以回归已经暂时没有贪官污吏的家乡；选择不止一个了，而“追随你”是所有选择中最冒险的一个，那人家何必要选你呢？如果你有更大的号召力，你有一套更美好的远景值得人继续去追求去冒险，那还可以吸

> 如果你有更大的号召力，你有一套更美好的远景值得人继续去追求去冒险，那还可以吸引一部分理想主义者或是宗教狂热者跟着你；如果你能提供的还不一定比别人的更好，那人家凭什么追随你呢？

引一部分理想主义者或是宗教狂热者跟着你；如果你能提供的不过是现实当中已经有人可以提供的，还不一定比别人的更好，那人家凭什么追随你呢？就好像，一个竞争力没多强的小企业，既不能给人家开更高的工资，又没有一个“做大”“上市”之类的未来，工作强度还挺大，谁会在这里待下去才是有病呢。

人会有一个阶段向往激情跌宕、大起大落的生活，但长期看都还是希望稳定、安全、规律，愿意一生动荡的毕竟还是少数。历史上虽然有过很多次长期动乱、混战的阶段，如南北朝、五代十国，分别持续数百年和数十年，但这些阶段也并不是持续动乱的，它们都有一段政权趋于稳定、人民过正常生活的时候。而每一次动荡，大家也都是奔着恢复正常而去，像五代十国期间，就在攻伐之间，成立了后梁、后唐、后晋、后汉、后周五个小朝代，以及十多个割据小国家，这些小政权的出现，都是为了在局部实现稳定和发展。只是因为这些政权自身太脆弱，没能力把这种正常长久保持下去，才会使动乱一再出现。

第十二章　政治的胜利

大业十四年（618年），看上去有资格参与角逐天下的势力有李轨、薛举、李渊、刘武周、梁师都、王世充、李密、窦建德、萧铣、杜伏威，这些人手握重兵，各自割据一处，实力相近，没有迹象显示李渊有特别的前途。而到了第二年、第三年，形势就越来越明显了，李唐统一全国几乎是板上钉钉的事儿。难道真的是应了“李氏将兴”的天意？

对普通百姓，当然是要以“上天的选择”来解释自己改朝换代的合理性了。但如果行动也指着上天的照顾，那就是个笑话了。李渊从性质上，与王世充没有什么不同，他有资格起兵反隋，完全依靠着旧政权带给他的各种资源；他与宇文化及也没有什么不同，都是了解权力的运作而有问鼎权力的心思和经验。但王世充与宇文化及输了而他赢了，是因为他更懂得政权运作的规律，更有策略有雄心。而与李密相比，他的长项是不择手段与不守规则、不按套路出牌。对外人要做足主持正义的模样，对自己则是怎么有利怎么来。有句话说“痞子做皇帝，文人当宰相”，没有一套好演技和只要结果不要过程的“不要脸”，是无法在这样残酷的群雄逐鹿中走到最后的。

一、起兵的处心积虑

李渊的身世不比宇文化及低微，甚至还更高些。他一家在北周

李渊从性质上，与王世充没有什么不同，他有资格起兵反隋，完全依靠着旧政权带给他的各种资源；他与宇文化及也没有什么不同，都是了解权力的运作而有问鼎权力的心思和经验。但王世充与宇文化及输了而他赢了，是因为他更懂得政权运作的规律，更有策略有雄心。

的前期西魏时期就是豪族，是八柱国之一。李渊七岁就袭唐国公，隋成立后被授予千牛备身的职位，后又历任谯州（今安徽亳县）、陇州（今陕西陇县）、岐州（今陕西凤翔）刺史和荥阳（今河南荥阳）、楼烦（今山西静乐）太守，大业九年（613 年）迁卫尉少卿。隋文帝的皇后独孤氏是他的姨母，他的老婆是北周武帝的外甥女。宇文化及家还有过当奴隶的祖上，李渊家则没有过。

虽有这么显赫的家世，又跟炀帝有这么亲的关系，杨广对他却没那么信任，一直在他身边安插亲信，监督他的一举一动。大业九年（613 年）杨玄感起义失败后，杨广派李渊接替被株连的元弘嗣任弘化郡留守，关西十三郡的军队都受李渊的调遣。李渊对待部下宽厚容忍，很多人去归附他。炀帝听说后心怀疑虑，他认为李渊相貌奇异，名字又与“李氏将兴”的图谶相暗合，对李渊产生了猜忌。不久，杨广征召李渊到他的行在（即巡行中停留的地方），但李渊患病未能应召，李渊的外甥女王氏是炀帝的妃嫔，炀帝问王氏：“你舅舅为什么迟到？”王氏回答说李渊病了，杨广问：“能死吗？”李渊知道这件事后感到很害怕，就酗酒受贿来自污，以消除杨广的戒心。还好后来炀帝找到了李浑和李敏来应“李氏将兴”的图谶，李渊算是躲过了一劫。四年后，李渊反隋，重新利用起了当年避之唯恐不及的“李氏将兴”预言——此一时也，彼一时也，豪门大户还剩几家？李浑李敏家族已经死了，如果说李家会取代杨家，还有哪个李比李渊家更适合呢？

李渊图谋隋室天下，是从很早就开始的事了，但始终隐忍未发，且未向身边人透露过半个字。武德二年（619 年），宇文士及从宇文化及那里跑来投奔他的时候，李渊对亲信裴寂说：“此人与我言天下事，至今已六七年矣，公辈皆在其后”。宇文士及到了长安，也向李渊表白：“臣早奉龙颜，久存心腹，往在涿郡，尝夜中密论时事，后于汾阳宫，复尽丹赤。”此时人们才知，李渊的反心最晚在大业九年（613 年）就已形成，而他竟能伪装了这么久。大业十三年（617 年）李渊被任命为太原留守，这一年反隋浪潮高涨，各地起义风起云涌，在李渊身边，劝他起兵者也接二连三，但在时机未成熟时，他都假装不敢。他的妻兄窦抗曾借杨玄感起兵劝他起事，他假装吓得心胆俱裂：“不要乱说，小心招来祸患啊！”

在伪装的同时，他其实一天也没闲着做准备工作。首先是收拢人才。劝他起兵的人，他虽然都加以斥责，但后来都得到了重用。他到太原后，就“所经之处，示以宽仁，贤智归心，有如影响”，于是不少人来投靠他。隋右勋卫长孙顺德，为避辽东之役，逃匿太原，深为李渊所亲委；右勋侍刘弘基，“大业末，从征辽，貲乏，行及汾阴，度后期且诛，遂与其属椎牛犯法，吏讽捕系。岁余……

图为《凌烟阁功臣图》所绘唐开国名将刘弘基像

至太原，阴事高祖”；左亲卫窦琮，“大业末，犯法，亡命奔太原，依于高祖”。这几个人都在他后来的起兵过程中起到了重要作用。他还注意结交富商，为有朝一日起兵时做军费支援的准备。女皇武则天的父亲、当时的木材豪商武士彟就是在此时与李渊结下的友谊，唐建立后李渊封其为公爵。

其次是清除异己，也就是身边的奸细。太原副留守高君雅、王威是隋炀帝的亲信，高君雅对李渊“疑有异志，每与王威密伺帝（李渊）隙”。大业十三年（617年）五月十四日夜，李渊让李世民伏兵于晋阳宫城外，次日早晨，李渊与王威、高君雅共同理事。刘文静引开阳府司马刘政会入庭中，自称有密状要呈上。李渊要求当面呈状，刘政会说：“所告乃副留守事，唯唐公得视之。”李渊佯作吃惊道：“岂有是邪！”取过状来一看，立即做大吃一惊状，大喝：“威、高君雅潜引突厥入寇。”高君雅大怒道：“此乃反者欲杀我耳。”这时李世民已经在大路上布满了军队，刘文静就和刘弘基、长孙顺德等人一起将王威、高君雅抓起来投进监狱。

李渊的政治天赋不仅体现在韬光养晦、暗图大计上，他对待竞争对手、敌人和朋友，都非常有政治手腕。在他起兵之初，就凭着几封有才的信，四两拨千斤地为自己夺得了从容发展的空间和时间。

刚好十六日，突厥数万人进攻太原，这个巧合就更使人相信王威、高君雅与突厥确有密谋。于是李渊将二人处死，悬首示众。

第三是扩大实力。李渊做山西、河东抚慰大使期间，受命镇压起义军。他的前任樊子盖将抓住或受降的盗贼一律坑杀，结果激起了更激烈的反抗，而他接手后采取诱降、离间等方式，分化瓦解起义军，不仅很快消灭了毋端儿、敬盘陀、历山飞等起义，还获得数万降兵。

大业十三年（617年）七月，起义的准备工作基本完成。看时机成熟，李渊以儿子李元吉为太原郡守，镇守太原，自己亲率大军三万，向关中进发。同时发布檄文，宣布欲尊杨广为太上皇，立代王杨侑为皇帝的主张。檄文中说，隋炀帝“饰非好佞，拒谏信谗。敌怨诚良，仇雠骨肉。巡幸无度，穷兵极武。喜怒不恒，亲离众叛……征税尽于重敛，民力殚于劳止。十分天下，九为盗贼。”然后表示要废掉昏主，立明君。

杨玄感起义时，李密曾劝杨玄感取关中；李密起义时，柴孝和曾劝李密取关中。关中为何如此重要？第一，这里是首都所在地，有政治影响；第二，它有黄河、函谷关、潼关等天然屏障，进可攻退可守，是战略要地；第三，它还是北周及隋的武装力量源头所在，是许多武将的家乡。都知道它重要，但杨玄感不能取，李密无奈取不得，而李渊就近水楼台了。

二、一个擅长写信的人

李渊的政治天赋不仅体现在韬光养晦、暗图大计上，他对待竞争对手、敌人和朋友，都非常有政治手腕。在他起兵之初，就凭着几封有才的信，四两拨千斤地为自己夺得了从容发展的空间和时间。

第一封信是写给突厥人的。突厥是从东西魏时期发展壮大起来的北方少数民族政权，他们团结的时候，具有强大的武力，曾对东西魏、北周、北齐的边境构成很大压力。隋朝初年，隋文帝杨坚通过分化离间等政治手段，削弱了突厥的实力，但到隋末，隋因内乱无力北顾，又使其强大起来，并且突厥还插手中原的乱局。隋末割据势力中，梁师都、刘武周、薛举、李轨等都拉拢突厥，有的还向其称臣，以出卖中原利益的方式获得它的支持来增强自己的实力。作为北方起义者，突厥是无法绕过的一个势力，也是暂时不能为敌的一个势力。即便不借助其力量，也要保证其不打击自己才行。尤其是此时刘武周刚刚在马邑兴起，正在突厥的协助下对河东跃跃欲试，此时得罪突厥，无异于引两个敌人一起来进攻自己。

在起兵之初，李渊给突厥始毕可汗写了一封信。信中说："当今隋国丧乱，苍生困穷，若不救济，终为上天所责。我今大举义兵，

终李渊一代，对突厥的态度都是相当无奈的，常常要虚与委蛇，有时甚至奴颜婢膝。没办法，“攘外必先安内”嘛，自身力量不够强大，面对一个虎视眈眈的对手，也只好先装孙子了。

欲宁天下，远迎主上还。共突厥和亲，更似开皇之时，岂非好事……若能从我，不侵百姓，征伐所得，子女玉帛，皆可汗有之……”写好之后，署上“始毕可汗启”，一个“启”字尽表姿态之低，随后附赠大量礼物送交突厥。

始毕可汗得到李渊的信，对他的态度是满意的，但对其中的许诺不够满足。那时候刘武周、梁师都都已向突厥称臣，由突厥封了天子，突厥认为李渊与他们没有什么不同，于是回信说：“如果唐公自称天子，我应当不避盛暑，以兵马去帮助他”。意思是让李渊也与梁刘一样，受封做儿皇帝，但这显然不是李渊的志向。思忖商议良久，李渊想出尊炀帝为太上皇，立代王杨侑为皇帝，李渊自称大将军的办法，旗帜用红（隋的代表色）、白（突厥的代表色）掺杂的颜色，表示自己无意做天子，用心在匡扶隋室，同时也接受突厥的示好，以此暂时解决了这个政治问题。这也是李渊起兵不急于称帝的原因之一。

李渊后来与突厥还有过书信来往。突厥使臣康鞘利等人押送一千匹马到李渊处进行交易，并答应发兵送李渊入关，人数的多少随李渊定。李渊会见了康鞘利等人，接受了可汗的书信，礼仪容止都极为恭敬，赠送给康鞘利等人的礼物也很丰厚。李渊挑选马匹中的良马，只买了其中的一半。他的军中的确缺马，下属将士请求自己掏钱买下其余的马匹，李渊说："胡人马匹多，但是贪利，他们会不断地来，恐怕你们就买不起了。我所以少买的原因就是向他们表示贫穷，而且也不是那么急用。"然后李渊命令刘文静出使突厥请求发兵。在此之前他私下对刘文静说："胡骑进入中国，是黎民百姓的大害。我所以要突厥人发兵，是怕刘武周勾结突厥一起成为边境上的祸患。另外，我只是要借突厥人的兵马以壮声势，几百人也就够了，没有别的用途。"通过这些手段，李渊稳住了突厥，让其在自己进军关中的过程中不要骚扰自己的后方，不要帮助自己的敌人，为自己赢得了发展的空间。终李渊一代，对突厥的态度都是相当无奈的，常常要虚与委蛇，有时甚至奴颜婢膝。没办法，"攘外必先安内"嘛，自身力量不够强大，面对一个虎视眈眈的对手，也只好先装孙子了。

李渊的第二封信是写给李密的。大业十三年（617 年）七月，李渊写书信招附李密。李密自恃兵强势盛想做盟主。他让祖君彦回信说："我和兄长虽然家支派系不同，但同是李姓，根系是相同的。我自认为势单力薄，但却为天下的英雄共推为盟主。望互相扶持，同心协力，完成在咸阳抓住秦子婴、在牧野灭掉商辛这样的大业，岂不很宏伟吗？"他还想让李渊亲自率领步骑兵几千人到河内郡，二人当面缔结盟约。李渊接到信后，笑着说："李密妄自尊大，不是书信就能招来的，我在关中正有战事，若马上断绝了与他的来往，就是又树了一个敌人，不如用阿谀逢承之语吹捧他，使他心志骄横，让他替我挡住成皋之道，牵制东都之兵，我就可以专心一意地进行西征。待到关中平定以后，我们依据险要之地，养精蓄锐，慢慢地观看鹬蚌之争以坐收渔人之利，也并不晚啊。”于是他让温大雅回信说：“天生蒸民，必有司牧，当今为牧，非子而谁？老夫年余知命，愿不及此，欣戴大弟，攀鳞附翼，唯冀早膺图箓，以宁兆庶。”（我虽然平庸愚昧，幸而承继了祖宗的功业，使我出任八使之要职，回朝任将军。国家有难而不出来扶助，是所有的贤人君子都要责备的，所以我才大规模地招集义兵，与北狄和亲，共同救助天下，志向在于尊崇隋王室。天生众生，必得有管理他们的人，而今能做治民之官的人，不是您又能是谁呢？老夫我已过了知命之年，没有这个心愿了。我很高兴拥戴您，这已经是攀鳞附翼了，希望您早些应验图谶，以安定万民！您是宗盟之长，我的宗属之籍都还须得到您的容纳。您将我还封在唐地，这样的殊荣已经够了。将商辛诛灭于牧野这样的大业，我是不敢说的，至于在咸阳抓住秦子婴之事，我也是不敢听命于您的。汾晋一带，还需要我安抚管理，盟津之会盟，我还顾不上卜定日期。）李密收到李渊的信后很是高兴，他将信给僚佐们看，说：“唐公推举我，天下很容易就平定了！”从此，双方的信使往来不绝。

根据汪篯等历史学家的研究，这番记录有不少唐自吹自擂的成分。李密当时“被稳定”，并非“妄自尊大”，被李渊这一封信就搞定了，而是内部火并后，暂无能力稳定住队伍，无暇西顾而已。不过由此也可看出李渊的政治手腕，放低姿态争取发展空间是其惯用的策略。

第三封信是写给西凉李轨的。当时李唐正和陇右薛举军纠缠，而薛举军的勇猛很让李渊头疼。李渊遣使偷偷赴凉州送信，表达欲结交李轨的意思。史书中没介绍这封信的内容，但专门提到信中对李轨的称呼，李渊亲热地称李轨为“从弟”，也就是堂弟，以拉近关系。李轨因此“大悦”，派弟弟李懋赴长安献土特产。李轨部在薛举西边，利用李轨牵制薛举后方，可以帮唐卸掉不少压力，此即“远交近攻”之策。李渊只是为了利用李轨，但李轨没看出来。薛举被灭之后，李轨失去了利用价值，李渊便毫不含糊地把这位“从弟”给灭了。

三、宇文化及帮了大忙

大业十三年（617 年）十月，李渊一路率军西行到达长安，将所经过的炀帝的离宫园苑全部关闭，放出宫女归还其亲属。长安城内一片恐慌。

李渊在春明门西北扎营，各路军队全部汇集，共二十余万人。李渊命令各部队不得侵扰村落中的百姓，又规定“不得侵犯七庙和代王、隋朝宗室，违令者诛灭三族！”然后展开攻城战，十一月初九攻克了长安。李渊到东宫迎奉十三岁的代王杨侑，让其即皇帝位，史称隋恭帝，遥尊隋炀帝杨广为太上皇。杨侑特赐李渊持黄钺、持节，委以大都督内外诸军事、尚书令、大丞相，晋封为唐王。李渊以武德殿为丞相府，把所颁公文由教改称为令，每天在虔化门处理政事。十一月十九日，杨侑下诏：凡军政事务无论大小，文武官员的任职无论贵贱，典章制度的执行惩处，全部归丞相府处理。只有在郊外祭祀天地以及四季祭祀祖先之事要上奏杨侑。大业十四年（618年）正月初一，杨侑下诏允许李渊“入朝不趋、赞拜不名、剑履上殿”——史上凡出现此待遇，基本就是篡位的垫场。李渊攻克长安之后，便致函通告各郡县，于是东起商洛，南至巴蜀，各地的郡县长官、盗贼首领、氐羌酋长，争相派遣子弟请求归顺，有关衙门每天要回复数以百计的信函。

至此，李渊挟天子以令诸侯，完成了万里长征的第一步。这一步比直接当皇帝要明智得多，它使自己的造反行为合理合法，明明

> 在君君臣臣父父子子的社会，仇恨暴君是一回事，杀他是另外一回事，那是弑君，是大逆不道，就跟杀父亲没什么区别。随着他的人头落地，人们的感情会立即改变，原本的仇恨会马上变成同情。

造了反还落个“忠”的名义，到下一步篡位就顺理成章了，让天下人都无反对意见可说；同时使其他竞争势力在名义上落了下风，号召力上当然也就相形见绌。此外，此举完全不影响自己的实际控制力，吞并扩张一点都不耽误。

唯一让李渊放不下心的是远在江都的隋炀帝。虽然他已被尊成“太上皇”，被从名义上清除掉了，但只要他还在，就始终是个障碍，是李渊“被禅让”的绊脚石。太上皇还在，皇帝就把位子让给外姓人于情于理都说不通。何况只要他还在，未来就存在变数，李渊一时也不敢造次。这就是进长安后属下纷纷劝其取杨侑而代之，而李渊一直迟疑，认为时机不到的原因。好在这个让李渊寝食不安的大麻烦、大包袱，最后竟被宇文化及给解决了。

隋末的起义队伍，无一不觉得隋炀帝太昏暴，无一不想除之而后快。但隋炀帝甭管落在谁手里，都会是个烫手山芋。在君君臣臣父父子子的社会，仇恨他是一回事，杀他是另外一回事，那是弑君，是大逆不道，就跟杀父亲没什么区别。随着他的人头落地，人们的感情会立即改变，原本的仇恨会马上变成同情，窦建德、杜伏威的改变都是如此。虽然这在如今看来很不合逻辑，但受了多年奴化教育就是这样一个结果。当年司马昭想篡位，小皇帝曹髦成了个障碍。曹髦傀儡一个，想杀，是分分钟钟的事，但司马昭始终不敢动手，他知道这事的

当别的起义军忙着抢掠百姓财物壮大自己，李渊的队伍从一开始就表现出了完全不同的面貌，他把自己塑造成了一支仁义之师、正义之军。（右页图为《隋唐演义》中描绘的李世民、李建成兄弟二人并肩作战的情景）

轻重。他的心腹贾充蒙骗唆使家奴成济动手，傻乎乎的成济刚干完，立马成了大逆不道的罪人。司马昭跳出来主持正义，把成济诛了九族。就这样都有无数忠心耿耿的大臣不干，要求一定要把真正的罪魁祸首揪出来，舆论汹汹，险些酿成一场司马昭的政治危机。前朝教训历历在目，可惜宇文化及不学无术，哪里懂得这些道理。宇文化及替所有人除了这个烫手山芋，结果他成了人人得而诛之的叛臣贼子。

大业十四年（618 年）五月，隋炀帝的死讯传到长安，李渊放声恸哭，说："我北面称臣侍奉君王，君主失道不能挽救，岂敢忘记哀痛悲伤呢？"表面功夫自然要做足做够，至于他心里怎么想就没人清楚了。

障碍不存，时机也就到了。五月十四日，隋恭帝杨侑禅位给唐，让出皇宫。胜利者唐写就的历史没有记述过程，李渊有没有如王世充一样派人对杨侑做过思想工作，就无从知晓了，想必不会那么心甘情愿。五月二十日，李渊在太极殿即皇帝位，大赦天下，改换年号为武德。李渊史称唐高祖。

唐尊奉隋恭帝为酅国公。高祖下诏说："近世以来，时运变革更新，以前朝代的皇帝宗族，没有不被杀戮除灭的。但朝代所以兴亡，岂只靠人力所为！隋朝的蔡王杨智积等王室子孙，都交付有关官署，量才使用。"武德二年（619 年）八月初一，只有十五岁的隋恭帝去世，他的死因和越王杨侗有没有共通之处，也无从知道了。

四、对外形象——拯救天下的义师

当别的起义军忙着抢掠百姓财物壮大自己，官兵忙着拷掠百姓让其交出余粮、交出盗匪的局势下，李渊的队伍从一开始就表现出了完全不同的面貌，他把自己塑造成了一支仁义之师、正义之军。

大业十三年（617 年）李渊起兵后，第一个遇到的堡垒是西河郡（治隰城，今山西汾阳市区）。西河是李渊军队南下关中的交通要冲，郡丞高德儒又极端效忠隋王朝，这一战不仅要取得胜利，还承担着自我宣传的任务。李渊派世子李建成和二儿子李世民并肩作战。他们俩在行军途中与士卒同甘共苦，作战身先士卒，对内树立了良好形象；率领的军队纪律严明，“近道菜果，非买不食，军士有窃者，辄求其主偿之，亦不诘窃者，军士及民皆感悦”。李建成等率军到达西河城下，百姓有想进城的人，都听任其进入。西河郡丞高德儒闭城拒守，李建成攻克西河城，将高德儒押到军营门口，李世民历数他的罪过说：“你指野鸟为鸾鸟来欺骗君主，骗取高官，我们兴义兵，正是要诛灭奸佞之人！”然后将其处死，其余官员一个不杀，秋毫无犯，分别抚慰吏民百姓，让他们各复其业。之后李建成等率兵返回晋阳，往返共九日。

这是一次漂亮的亮相，既打出了威风也打出了风采，附近百姓听说后都喜出望外，消息广泛传播出去，更是增添了荣耀。和那些草寇们比起来，这真是人民子弟兵了，可想而知百姓们的拥戴程度。他们回到太原后，李渊大喜：“以此行兵，虽横行天下可也。”

打仗尽量不骚扰百姓的队伍，在当时只有三支：李密、窦建德、李渊。这三支队伍也分别得到了相当大的民心。在那种战乱时候，老百姓不关心天下姓杨还是姓李还是姓窦，只希望能安居乐业，这点简单的要求就是民意的基础。不过能看到这一点的，也只有几个人而已，他们有的是出于淳朴的天性，有的是出于政治眼光，李渊显然属于后者。这种做法使得他从起义之初就获得了关中地区人民的支持，之后每打下一处，基本都稳定住了这个地方，为日后统一全国奠定了基础。

攻取西河后，李渊又用开仓济贫的办法大量募兵，扩充队伍。七月初八，李渊到达西河，慰劳西河的官吏百姓，赈济贫民。凡年纪在七十岁以上的人，都授予散官，其余的豪强俊杰，都根据才能授予职务。李渊一边询问来人的功劳、才能，一边注册授予的官职等级。一天就任命官员一千余人。接受官职的人都不拿任命状，他们各自拿着李渊所写的官名状离去。

此后，李渊一直贯彻这样的政策。攻下霍邑，李渊奖赏有功将士，军吏们质疑以奴隶身份应募的人为何同良人一样论功，李渊说："在箭与石之间战斗，不分贵贱；那论功行赏时，为什么有等级差别？应该同样按功颁赏授官。"士兵们都心怀感激。八月初四，李渊接见了霍邑的吏民，慰劳赏赐，如同在西河郡时一样，并挑选霍邑强壮的男丁从军。关中的军士要回乡的，都授予五品散官，让他们回去。有人责怪李渊授官太多，李渊说："隋氏吝惜勋位赏赐，因而失去人心。我怎么能效仿他们呢？况且用官职来收拢众人，不比用兵要好吗？"初八，李渊进入临汾郡，对临汾吏民的慰劳安抚如同霍邑。

李渊塑造的"解民于倒悬"的正义形象产生了极好的作用，得到的回报恐怕更多于他的付出。他准备攻取河东之前，河东县户曹任瓌找到他说："关中的豪杰都踮着脚盼望义军，我在冯翊郡多年，了解冯翊豪杰的情况，请让我去宣召他们，他们必定会望风而动。义师从梁山渡黄河，直指韩城，逼近郃阳。萧造这样的文官，必定望尘而请求归降；孙华之流也会远迎义师。然后您大张旗鼓地进军，直接占据永丰仓，虽然您还没有得到长安，但关中却根本上稳定了。”李渊很高兴，按其计划行事，给关中势力最强的山贼孙华写信招抚。当李渊进军到壶口时，河边的百姓向他献船的，每天有一百多人，孙华从郃阳轻骑渡黄河，来谒见李渊归顺，紧接着韩城也归降。李渊到了永丰，慰劳军队，开仓赈济饥民。唐军所到之处，官吏、百姓及群盗归附如流。

到后来，唐军的形象广泛传开，将领的名字就完全成了敲门砖。李世民北上攻打刘武周时，黄河以东的州县遭刘武周军抢劫后，没有粮仓；老百姓惧怕侵扰，都聚居在城堡中。久之，李世民军缺粮，就发布公告四处张贴，百姓听说李世民率军前来，由近及远，纷纷前来归顺，然后唐军逐渐征收粮食，军粮因此充足。

李渊能从一开始就塑造这样的形象，固然与其政治眼光和政治理想有关，同时也是因为他有这样做的资本。李渊本人世代豪族，家里财富难以胜数；他作为隋最富裕地区之一的地方大员，控制着巨大的国有资本。刘武周攻晋阳，留守李元吉逃跑的时候，李渊曾对礼部尚书李纲说：“晋阳有几万强兵，足够吃十年的粮食”，可知

> 李渊此后的每一步，都是奔着长期执政的规划去做的，这也远远区别于大部分起义军“走到哪儿算哪儿、走一步看一步”的短期策略。

他可调配资源之巨。在这样的基础上，他的至爱亲朋裴寂还在起兵之初“进宫女五百人，并上米九万斛，杂彩五万段，甲四十万领，以供军用”，提供了巨额革命经费。富商武士彟提供了多少就不知道了，但能换得一个公爵，可见没少掏钱。这种底气，是他可以作出大手笔投入的前提，是其他起义军所无法比拟的。其他起义军一穷二白出身，起兵后先要解决温饱问题，抢掠也是无奈之举，哪里有余力管形象？怎么可能不与百姓争食呢？兼济天下都要“达”了之后才能，而且也要看领头人的情怀。窦建德、杜伏威在发达之后，也曾有过关爱百姓、优抚士人之举。但从一开始，他们和李渊就没在同一起跑线上。

维护形象不仅需要底气，也需要持续的努力与胸怀。唐的仁义之师在其基本得到天下后也曾露过馅。当初李世民与刘武周开战时，曾暗中策反夏县，让其协助自己，没想到夏县士兵杀了被策反者继续坚守。李世民率军从晋州回师攻夏县，攻取后没有克制住自己的戾气，屠杀了全城人。这一行为必定会影响一些人对唐仁义之师的看法，但之前表现得太好，当时大局又已定，个别的错误也就改变不了什么了。

李渊此后的每一步，都是奔着长期执政的规划去的，这也远远区别于大部分起义军“走到哪儿算哪儿、走一步看一步”的短期策

李渊逐步兼并其他造反势力，除了各主帅外，各造反势力主要成员——哪怕是曾与自己征战，造成过自己重大损失的——都加以优抚，收入自己帐下，后来唐的大批名臣名将都来自之前这些竞争势力。

略。进长安时，李渊命“封府库，收图籍，禁掳掠。军人勿杂，勿相惊恐。太仓之外，他无所于。吏民安堵，一如汉初入关故事。”进长安后，李渊首先与百姓约法十二条，将隋朝的苛政酷令全部废除。七月十七日，下诏废除隋代的皇帝离宫与行幸之处。武德二年（619年）一月，初步制定租、庸、调法，每个成年男子每年交租二石，绢二匹，绵三两；除此之外，不得横征暴敛。虽然天下还未尽入囊中，但从一开始就摆出正经治理天下的样子，某种程度上，这也是一种宣传，让远近百姓都有一个“唐要统一天下”的心理预期。预期这东西比真正做事还可怕，当全国人民都认为股市要涨时它一定会涨，都预期房价要跌时它一定会跌，因为这种预期会影响人们的决断，而一个个人的决断累积起来，就会决定大局的发展趋势。

唐对于宣传是很重视的。起兵之初，他们打的旗帜是白色的。为什么会选用这个颜色？就是为了迎合民间的一句歌谣：“法律存，道德在，白旗天子出东海”。之后还对民间流传已久的图谶“桃李子，莫浪语，黄鹄绕山飞，宛转花园里”解释为“李为国姓，桃者陶也，若言陶唐也”，在迷信的百姓中神化自己，取得了起兵的合法性。这一招李渊团队反复使用，后来还编出许多歌谣故意流传到民间，什么“东海十八子，八井唤三军。手持双白雀，头上戴紫云”，什么“兴伍伍，仁义行，武德九九得声名。童子木底百丈水，

图为《隋唐演义》中描绘的李世民与徐世勣（原李密手下大将）在阵前立马观察敌情的场景。

东家井里五色星。我语不可信，问取卫先生”……这些都用引语、拆字等等方式，在民间宣传李渊得国的正当、得天命，制造舆论声势。虽然王世充也搞了很多祥瑞之类的东西，但显然李渊的做法要高明得多。用现在的话说，就是有个优秀的公关团队。

而且，李渊起兵，口号也相当低调，他发表的誓文是以恢复先帝基业为主调的，“某以庸虚，谬蒙嘉惠，承七叶之馀庆，资五世之克昌。遂得地居戚里，家称公室，典骁卫之禁兵，守封唐之大宇。义无坐观缀旒之绝，不举勤王之师，苟利社稷，专之可也。废昏立明，敢遵故实。今便兴甲晋阳，奉尊代邸，扫定咸雒，集宁寓县。放后主于江都，复先帝之鸿绩，固配天于圜寝，存司牧于苍生，岂谓一朝？言及于此，事不获已，追增感欷。”这样既不会成为众矢

很多事情有时候看起来真的有天意。窦建德偷袭薛世雄时如果不是遇到那场大雾，可能早就灰飞烟灭了；李密如果不是与宇文化及硬碰硬，也许最后的胜利者会是他；而李渊能顺利走到终点，有几次简直是上帝和他站在了一起。

之的，还可以拉拢那些怀念隋文帝之治的世族。他的政权建立后，还对隋炀帝时期很多冤案进行了平反，对被隋炀帝杀害的正义之士进行了追封，这些举动，都为他赢得了极好的口碑。

在那个没有传播媒介，一切消息靠口耳相传的年代，唐在刚刚克定关中一隅时就开始派出人马，赴各地宣传唐的仁义形象与长远打算。大业十四年（618年）李密降唐后不久，李渊先后派出魏徵、夏侯端等几个人赴山东地区进行招降、宣抚工作，大力宣传唐的胜利和李渊的威德，扩大影响。魏徵一行成绩极大，招降了包括徐世勣在内的众多原李密部成员，获得了原属李密所有、李密败后为徐世勣所持的广大土地。

夏侯端就惨多了。他从澶渊渡过黄河，传递檄文到各州县。东至海，南到淮河，有二十多个州县都因为他的说服而派使者前来降唐。夏侯端走到谯州，恰好汴州、亳州投降了王世充，切断了他返回长安的道路。随从人员两千名，粮食都吃光了，夏侯端坐在沼泽中，杀掉马匹犒劳士兵们，抽泣着说："你们的家乡都已投降了贼人，只是因为共事的情份，没有丢下我。你们可以砍下我的头归附贼人，一定能得到富贵。"众人不舍，又一起走了五天，二千人中饿死以及被王世充军队追击逃散失去了大半，只剩下五十二个人与他同行，采野豆生吃。王世充派人召夏侯端，任命其为淮南郡公，尚书少吏部。夏侯端当着王世充使者的面烧了委任状，说：“夏侯端是天子的大使，怎么能接受王世充的官职？你想让我去，除非取了我的脑袋！”从山中向西行，踏着荆棘，昼夜兼程，到达宜阳，随行的人坠崖溺水，为虎狼吃掉的，又丧失了一半，活下来的人都鬓发脱落，没了人样。

李渊逐步兼并其他造反势力，除了各主帅外，各造反势力主要成员——哪怕是曾与自己征战，造成过自己重大损失的——都加以优抚，收入其帐下，后来唐的大批名臣名将都来自之前这些竞争势力。这种举措也很体现他容纳百川的胸怀，为他赢得了天下的拥戴。

这里面还有李密的功劳。大业十四年（618年）十一月灭薛举后，李渊想派使者告诉李密：“薛举父子杀了我们很多士卒，务必杀光他们的同党以告慰死去的冤魂。”李密说：“薛举残暴地杀害无辜者，这正是他灭亡的原因，陛下又有什么可怨恨的呢？已心悦诚服的百姓，不能不加安抚！”于是李渊下令只杀掉主要谋划者，其余的人都给予赦免。李孝恭击败朱粲时，诸将请将俘虏全部杀死。李孝恭说：“不能这样做，否则，往后谁还肯投降？”于是从金川到巴中蜀地，檄文所到之处，投降归附李渊的有三十余州。

唐只在对待窦建德部的问题上有过失误，逼反了刘黑闼军，造成了难以收拾的结果。不过后来也从中吸取了教训。

五、运气也很重要

很多事情有时候看起来真的有天意。所谓天意，就是偶然性。窦建德偷袭薛世雄时如果不是遇到那场大雾，可能早就灰飞烟灭了；李密如果不是与宇文化及硬碰硬，也许最后的胜利者会是他；而李渊能顺利走到终点，有几次简直是上帝和他站在了一起。回首这些事，常常让人感慨造化弄人。

大业十四年（618 年）六月，李渊刚刚称帝建唐，薛举带兵进击泾州（今甘肃泾川县北泾河北岸），唐以李世民为元帅予以抗击，两军相遇在高摭（今陕西长武县西北）。李世民认为薛举军粮少，著意速斗，于是决定守城不战，以使其师疲惫。但薛举则利用李世民部将刘文静、殷开山不听约束和轻敌，进行突然袭击，将唐军击败，并俘获唐大将幕容罗睺、李安远、刘弘基等。李世民见大势已去，领军逃回长安。薛举随即进逼宁州（今甘肃宁县），并准备趁唐军新破，人心动摇，乘机直趋长安。当时薛举军携胜利之威，势头很猛，长安城一片恐慌。就在这千钧一发的时刻，薛举突然患急病，且迅速死去。薛举死后，其子薛仁杲继领其众，但威信和能力都远

李渊或许是出于争天下的野心，或许是出于匡扶正义的良心，但这都不重要了。重要的是，他的队伍是一支有政治责任感的队伍，同时又是一支有足够能力的队伍。

不及其父，众将也分崩离析，局势霎时逆转，薛举尚未安葬，薛家军就被灭了。

武德二年（619 年）十一月，刘武周侵犯太原，李元吉弃城逃走，关中大骇，差点生出放弃河东地区的心。李世民受命带兵迎击，与刘武周麾下宋金刚会战。李世民本人除了会带兵，还很善打仗，喜欢冒险，经常自己带很少的人去刺探军情。这一次，他照例带轻骑兵去侦察，到了晚上，随从的骑兵四下分散，李世民只和一名穿铠甲的士卒登上山丘睡觉。夜间，敌人从四下包围了二人，熟睡中的二人毫不知觉。危险即将来临的时候，恰巧有一条蛇追一只老鼠，蹭过了甲士的脸，甲士惊醒，看到敌人，马上叫醒李世民，二人上马逃跑，刚跑出百余步，就被敌人追上，李世民用大羽箭射死了敌人的骁将，敌骑兵才退去。宋金刚是李渊部一路走来遇到的几名实力最强的劲敌之一，而此战关乎李唐根据地的得失。如果不是那么巧出现那条蛇，不仅李世民的命没了，此后的历史也将会改写。

武德三年（620 年），刘武周被平定，唐恢复了对河东的统治，北面的梁师都部感到很恐慌。他派使节联络突厥，劝说处罗可汗："比者中原丧乱，分为数国，势均力弱，所以北附突厥。今武周既灭，唐国益大，师都甘从亡破，亦恐次及可汗，愿可汗行魏孝文之事，遣兵南侵。”当时唐因为强大，对突厥也早不是起初时那样恭顺。处罗可汗听到这个说法，也有窥视中原之意。处罗可汗策划了一个庞大的侵唐计划——其弟莫贺咄设自原州（今宁夏固原）入，泥步设与梁师都自延州（治所在今陕西延安）入，突利可汗与奚、契丹、靺鞨自幽州入，窦建德自滏口西入，会于晋、绛，兵分四路进攻唐境，最后联络王世充相呼应。这个行动将是对唐的一次严重的威胁，初具规模的唐有可能毁于一旦。唐在这生死存亡的关头，就那么幸运，处罗可汗得了个急病，迅速离世，南下计划自然流产。但唐也吓得够呛，李渊“举哀于长乐门，废朝三日，诏百官就馆悼其使者”，示好于突厥，暂时渡过了这场危机。

六、也算是大救星

必然因素加上偶然因素，使李渊从大业十三年（617年）起兵，到贞观二年（628年）灭掉梁师都，前后花了十年多一点的时间，完成了一个政权的翻天覆地。这期间中国的人口，从隋炀帝大业初年的九百万户，减到了二百多万户，差不多四分之三的人死于隋炀帝时期的暴政和群雄逐鹿时的厮杀。经过贞观期间二十多年的经营，才慢慢恢复到三百八十万户。这是何等惨烈的一段历程。后人在回顾历史时总会津津乐道于各种势力之间的你争我夺，谁去考虑过那些不争权夺利、只想安稳生活却不得的普通民众？

李渊或许是出于争天下的野心，或许是出于匡扶正义的良心，但这都不重要了。重要的是，他的队伍是一支有政治责任感的队伍，同时又是一支有足够能力的队伍。政治责任感，即获得政权且长期执政的打算，这个打算使他必须承担起保护国民、统治国民的责任，也就不可能以抢掠国民为生；足够能力，即达到前一目的的能力，能在尽可能小的社会损失下完成政权交接，不让生灵遭到更大的涂炭。人们需要一支兼具这二者的队伍来尽快结束丛林状态，恢复社会秩序，光有理想或光有实力都不足以完成这一使命。

唐争得了天下，经过暴政和战乱的人们终于恢复了安定的生活。唐同时继承了隋的几乎全部体制，靠着先头几代领导人的谦虚与睿智，将中国社会带入了一个对于历史长河来说短暂，但对于中国社会来说算得上长久的盛世。而这盛世持续了没多少年，整套体制存在的诸多问题又开始一一爆发，随即唐也迅速由盛转衰，社会又进入了新一轮的循环。

生生把朝廷的“剿匪”队伍盼来，铁桶一般地把他们围起来进行了一场围猎。直到被杀、被抓，他们也没说清楚自己最终要干嘛。

造反是件危险的活动，造反之前，你是否想明白了自己的未来？生逢乱世，强者生存。强者振臂一呼，带一群人占山为王是轻易可做的决定。占山为王之后呢？张金称带一群人，就是剽掠乡间；翟让比他好些，只劫过路行旅。如果说王朝末年的争斗是一场打怪的游戏，他们连第一关的关底都算不上。因为他们没有长远的目标，只为了活过眼前，多活一天算一天，也就谈不上更大的发展。李密劝翟让攻占东都，有根据地有粮食，才好扩大队伍，而翟让只想带着抢够的东西回瓦岗寨去。翟让想小富即安，可在这激烈的竞争中，哪有小富的机会。没有规模，还有钱，只有队伍，那等于小孩持凶器，再跟别人贱招，不是等着被人抢么？

当然不是所有走到最后的人都从一开始订立宏伟目标的，朱元璋最初参加起义军，不过是解决吃饭问题，也本打算在郭子兴手下当个好下属、好女婿。但时势造人，郭子兴早早去世，大任落在他肩上，既是责任所在，也是有了底气，朱元璋从此就开始有了远大理想，并按部就班地一一排除竞争对手，朝最终目标努力。他不定目标时，是因为有郭子兴撑着。但不管他还是郭子兴，是一支队伍的主导，就要考虑这支队伍的未来。在这个弱肉强食你死我活的战场上，要么拼命发展壮大争取做最终胜者，要么早早投靠他人。光想眼前的事情，危机也就在前面不远了。

二、有群众基础

你有目标，可你有人追随吗？没有哪个皇帝是靠孤身奋战可以上位的，你要有队伍、有下属、有支持你的群众。

不过群众基础是可以制造的，李渊就是个例子。他从筹备阶段到起事之后无时无刻不在收买人心——用“复兴先帝时代”来收买当朝贵族，用平凡冤案来收买大隋异议者，用释放盗匪的方式来收买朝廷的反对者，用“秋毫不犯”、用谶语歌谣和祥瑞来收买普通百姓……制造群众基础是每一个有志于当政治家的人必须学会的技能，如果你不能把自己包装成合情合法的政权继承人，那面临的局面将是非常可怕的，宇文化及就是这样的例子。

有经验的政治家都做过同样的事，刘邦、朱元璋都编造过自己出生时神奇场面的谣言，刘邦说他母亲与龙野外交合生下了他，朱元璋说他降生时一片红光……当然这些也都不是他们亲口说的，而是让手下人散布出去的，以此来宣扬自己是神指定的天子。武则天篡位时明示暗示手下不停地进献祥瑞，以证明她的上位是天命，王世充也搞

夺取政权，靠枪杆子和笔杆子，所谓笔杆子，其实就是公关部、宣传队，为自己制造舆论基础，赢得群众支持。水能载舟亦能覆舟，可是这水，也是可以而且是需要调动的。

过这套，只不过失败了。就连袁世凯，想当皇帝之前也玩把戏，每次洗澡时都暗中放一些大片鱼鳞留在澡盆中，让打杂的看到，慢慢就传出去他是真龙天子之类的消息。夺取政权，靠枪杆子和笔杆子，所谓笔杆子，其实就是公关部、宣传队，为自己制造舆论基础，赢得群众支持。水能载舟亦能覆舟，可是这水，也是可以而且是需要调动的。

笔杆子的功用还在于解释政治家的行为。宇文化及杀了隋炀帝成了民贼，朱元璋干掉自己的主上小明王韩林儿却不影响他后来继续发展，禅位给李渊的隋恭帝莫名其妙病死，也没有人说李渊什么。仅仅是因为成王败寇吗？那为什么后梁太祖朱全忠杀了唐昭宗，成就了帝业，却被钉上历史的耻辱柱呢？区别就在于对自己行为的解释上。朱元璋杀韩林儿，没有留下什么证据，在此后的对外宣传中，他的笔杆子修改了他早年与韩林儿的臣属关系，他再找个借口把当年负责动手的马仔廖永忠灭口，这件事就更死无对证了。明明是他为了夺取权位干掉障碍，经过笔杆子一番解释，就成为一场意外事件。李世民杀自己的兄弟逼父皇退位，之后也让笔杆子重修历史记录，将本来英明强干的哥哥写成一个庸碌又嫉妒的人，想置他于死地，而他的玄武门之变不过是迫不得已，生生把一个不孝不悌的行为变成了光荣正确。后梁太祖朱全忠是个粗人，根本不懂得文字的力量，自然想不到去操作这些。

所谓的“成大事不拘小节”，往好了说就是有远大理想的人不用为普通人所遵循的规则所限，也就是可以为了高远的理想不择手段。不过如果这个人最终没有“成大事”，这些“不拘小节”之举都会成为他的罪过、他失败的原因。

三、成大事不拘小节

所谓“成大事者不拘小节”，是种美化的说法，实际上，对封建统治者来说，真正的意思是“成大事者不择手段，不守规矩”。他们可以用仁义礼智信要求属下，但轮到自己的时候却什么都可以不遵守，一切以结果为导向。

刘邦在对手威胁要杀其父亲时笑言“别忘分我一杯羹”，与项羽签订鸿沟协定中分天下之后又毁约暗算项羽；李世民为了争夺皇位亲手杀了自己的兄弟，还灭了兄弟的全家；朱元璋以反元为名参加革命，但真正的革命者在跟元军打的时候他在后方打汉人，扩充自己的地盘……

孝道和信义是古人最基础的价值观，这些“成大事的人”自己对他人也是用这个标准来要求的，刘邦称帝后不久就让叔孙通制定了尊卑有序的礼仪制度，让陆贾制定了“行仁义、尚德义”的意识形态理论，他对传统道德不可谓不重视，但这些传统道德在他“成大事”的过程中却没有过多少体现。他用父做交易算得上不孝，逃命时从车上推掉孩子算是不爱，背弃协约算是不信，杀下属杀出生入死的兄弟算是不义。朱元璋执政时期的大明政权是最极端的传统道德捍卫者，但他自己呢？暗杀小明王韩林儿、罗织罪名清洗功臣，按传统道德标准都是不忠不义之举。

这就是所谓的“成大事不拘小节”，往好了说就是有远大理想的人不用为普通人所遵循的规则所限，也就是可以为了高远的理想不择手段。不过如果这个人最终没有“成大事”，这些“不拘小节”之举都会成为他的罪过、他失败的原因。

四、关键时刻，拼的是演技

李渊根本不想收留李密——李密那么强的号召力，他一降唐就无数下属望风而降，令都不用下就有人以他的名义献军队献土地，这样的人留在这里，江山是他的还是李渊的？但李渊不说，还表现得对李密亲爱有加，让李密受不了挤兑主动走，给李密扣上个“降而又叛”的不义帽子，杀了他还保留了自己的正当名声。这演技比李密不知道高到哪里去，李密杀翟让，太直白了，毫不掩饰，这让旁观的人们怎么想呢？！

很多关键的时刻，权力圈拼的都是演技。鸿门宴就是一场奥斯卡颁奖礼，刘邦、樊哙、范增、项庄，哪个不是最佳男主配角？只有项伯和项羽傻乎乎当观众，真以为别人的表演都是真情流露，一个感动就被对方骗了。赵匡胤的黄袍加身真的是被人逼迫吗？怎

成功并不是衡量一个人的唯一指标，在残酷的厮杀中，成事者未必是好人，失败者也未必不是强者，有时只是他们做出的选择不同。

么没人拿钱砸到我脸上逼着我收呢？自导自演的一场戏而已，但演得认真，别人没理由不信。汉光武帝刘秀追随刘玄的时候，刘玄忌惮他们兄弟的实力，借刀杀了他的哥哥。刘秀得知消息先是跑去请罪，表示他哥哥是死有余辜，并用行动表现出一点不为他哥哥难过。如果他演得不好，他的命也就难保。真是人生如戏全靠演技，否则也就没有他的后来了。

演技有多重要，看看王世充就知道。同样是演，王世充演得太着痕迹，太不专业，结果落得众叛亲离的下场。

市面上出过很多分析开国皇帝素质的书，有分析他们的武德的，有从他们身上学创业之道的，其实无非是成王败寇，成事了的，做什么都有理，他们做的什么事都能有人从中找出优点来。军事能力谁没有呢？容人之量也是多数起事者的必备。可是为什么别人没有通关？实力够不够当然是第一位的，在实力够的情况下，就是看上面几个问题了，说得学术一点，就是：有没有长远计划，有没有制造足够合法性，是不是结果导向。成功并不是衡量一个人的唯一指标，在残酷的厮杀中，成事者未必是好人，失败者也未必不是强者，有时只是他们做出的选择不同。

第十四章　人人都是仇敌

十几年的乱局，换取一个旧朝代的覆灭，一个新朝代的建立。对于一代人来说，他们可以松一口气，感谢一下新王朝的“明君”了。而从更长远的角度去看，新王朝什么也没有解决，只不过又开始了另一个循环。唐延续了近三百年，其中一半时间处在半死不活的溃败当中，到它终于轰然倒下时，其乱局比之隋末更甚。

一、开历史倒车的动乱

唐直到第二个皇帝唐太宗李世民上台之后才完全消灭其他的反隋团伙，彻底实现统一。李世民继承到的中国是一个残破的中国，“田亩荒废，饥馑荐臻”，户口较隋时“百不存一”。唐高宗时的一份文件显示：“大业（即隋炀帝执政前期）所有八百余万户（实际应有九百余万户），末年离乱，至武德（唐高祖李渊执政时期）有二百余万户”。李世民即位之初又赶上几次天灾，给本来就重的伤口上又撒了一把盐。于是，“霜旱为灾，米谷踊贵”，一匹绢才能换一斗粮食，“道路之间，馁殍相藉”，“畿内户口，并就关外，携负老幼，来往数千”。

直到唐太宗登基十多年以后，从伊水和洛阳以东一直到今天江苏的连云港和山东的泰安一带，还是大片的灌木丛和湖泊。上千里

> 底线的破坏是有记忆的。这一次拉低到如此，几百年后的下一次，这条线就成了大家都可接受的线，然后会有更不择手段的人继续捅破它，使群体底线再降一级。因此，靠动乱来解决政治问题是不可取的。

的荒原上看不到人烟，听不到鸡鸣狗叫，道路萧索，去哪里的路都很难走，一片荒凉景象。而那时的西北部地区，就更是“城邑萧条”。十几年的破坏，要靠几代人才能恢复过来。

减少的六百多万户中，究竟有多少人死于隋炀帝的折腾，有多少人死于隋末的动乱，已经无法统计了。不过动乱给社会造成了巨大的破坏，这一点是毋庸置疑的。秦末、两汉末、唐末、明末……每一次朝代末期的社会动乱，都很大程度地造成了社会经济的倒退，大范围的人口灭绝，社会秩序彻底崩坏，社会进入丛林状态。丛林状态的社会没有规则，只有赤裸裸的利益争斗，越狠，越无原则，底线越低者越容易获胜，因此这种乱世对于人性的破坏也是显而易见的。笑到最后的往往是表面仁义但私下不择手段的政治流氓，比如朱元璋，当其他起义军和蒙古人苦斗时，朱元璋却把作战目标对准了其他抗暴力量，夺取他们的地盘，把对方的军队编入自己的队伍，以扩充自己的实力。像李密那样的理想主义者是不可能赢的，即便他有远大的理想和优秀的政治才能——这就好像是一个赌王赶上了一个千王一样。新朝代建立后秩序逐渐恢复，规则重新建立，社会信任自然也会慢慢恢复，但底线的破坏是有记忆的。这一次拉低到如此，几百年后的下一次，这条线就成了大家都可接受的线，然后会有更不择手段的人继续捅破它，使群体底线再降一级。因此，当皇帝是份专业性很强的技术工作，不仅需要培训，也需要天分和主观意愿，不是光靠生就能生出合适的人来，选拔范围太窄不利于合适人才的产生。

靠动乱来解决政治问题是不可取的。

二、如果没有隋炀帝

隋的盛世走到如此的地步，让人惋惜，很多人都会想如果没有隋炀帝那该多好。

如果没有隋炀帝，隋祚无疑会延长，不至于这么快就轰然倒塌。也许有机会提前发展出一个盛世，就如后来的唐一样。不过，没有隋炀帝，就能避免有朝一日的这种动乱和破坏么？

历数中国历史上的四百来个皇帝，明君能数出几个？差不多几个巴掌即可覆盖。明君稀缺至少说明一个问题，那就是当皇帝是份专业性很强的技术工作，不仅需要培训，也需要天分和主观意愿，不是光靠生就能生出合适的人来，选拔范围太窄不利于合适人才的产生。明君不多，昏君暴君弱智君却不少，一顿饭的时间都说不完。一个个不是隋炀帝胜似隋炀帝，没逼出大规模动乱只是因为时候未到而已。

赶上明君又能怎样呢？唐太宗，史上屈指可数的几个明君之一，但“明”只体现在他执政的前十几年而已，后期就开始“渐恶直言”，刚愎自用。贞观十九年（645 年），大臣们批评他“游猎太频”，他反唇相讥，“今天下无事，武备不可疏，朕游猎仅在后宛，不烦百姓，有什么不可！”贞观十一年（637 年）在洛阳建飞山宫，贞观二十一年（647 年）建玉华宫，号称要“务令节约”，结果却“费资巨以亿计”。贞观十九年征高丽失败，贞观二十二年（648 年）不顾大臣反对再征，并在二十一年下诏大造海船。当年九月就逼反了雅、邛、眉三州少数民族，有些州弄得民众“卖田宅、鬻子女而不能供”。贞观二十一年还征了一次龟兹。这些行径和隋炀帝又有多大差别呢？唐玄宗，创造了前所未有的开元天宝盛世。可就是他，在晚年纵容权臣破坏法律，专权妄为，自己也将自己订下的种种制度视如粪土。不仅导致了长达八年的“安史之乱”，害死了全国三分之二的人口，还给整个大唐埋下了“有权即可肆意妄为、制度只对普通人管用”的种子，整个唐后期，都在这个泥淖中不断沉陷。以至于到唐晚期的近百年中，虽然没有亡国，但社会规则已经被彻底破坏，法律无人尊重，从上到下腐败透顶，社会彻底溃烂。

昏君暴君不可靠，为什么明君也不可靠？讲个武则天的例子可以说明这个问题。武则天宠爱的大臣狄仁杰被酷吏来俊臣陷害，酷刑下已经承认自己谋反，险些就要冤死。他趁家人给他换衣服之际用蝌蚪文将冤情传递出去，儿子诉到武则天那里，才终于被救。他向武则天讲述这其中的恐怖，武则天悚然叹道：“我被蒙蔽了，我竟然一点都不知道”——这不是扯吗？来俊臣是武则天亲自提拔，专门用来替她除掉自己不喜欢的人的。他用的方法是“罗织罪名”，就是栽赃陷害，武是了解他的这一特长才破格提拔他并赋予他强大权力的。现在说不知道，难道来俊臣当初替她除掉的那些大臣，她真的认为他们犯下了被指控的那些罪？如果说有什么“不知道”，她只是没想到她的这台诬陷机器在执行她的指令之外，还会有自发行为，可以捎带手为私利干些计划外的诬陷工作而已。

武则天怎么会不知道来俊臣在干些什么？不仅她早就心知肚明来俊臣是怎么干活的，而且还有很多人向她禀告过来俊臣的违法，但她说：“我不忍处理他，他对朝廷有功”。有什么功呢？无非是他能“按需执法”，满足她的旨意罢了。一批如来俊臣这样的爪牙在她——这个最高权力者的允许和保护下践踏法律，对他人来说是高压线的东西在她这里是弹力绳，想放到哪儿就放到哪儿，这是多么好用又多么方便的工具！

换你在那个位置上，当你想干什么事情时有人阻挡你，而你有权力把他拨开的时候，你会忍得住不去拨开么？你会忍得住不使用你这强大的权力么？尤其是，当你认为你要做的这件事情无比正确、无比利他的时候，你会不行使这权力么？身怀利器，杀心自起，被赋予了无限权力的人，不滥用简直都对不起自己的位置。

权力的强度换算为违法的烈度，于是人人都争取更大权力，以使自己可以更多、更大地“合法”地违法；而权力既然有如此大的好处，官员们也就不择手段地去追求权力了。

明君都可能为了“无比正确”的事情去滥用权力，更何况昏君暴君？再说，明君还有任性的时候呢。唐玄宗晚年让人动用国库供他私用；唐太宗晚年公然下令太子可任取国库的东西，一名大臣以“违法”相阻拦竟差点被太子家奴打死。他们自己违反自己制定的法律和规则，等于向全国臣民宣告法律可以为权力弯曲。

这种宣告很明确，所以人人都迅速领会。来俊臣被赋予为武则天诬陷他人的权力，那么为自己诬陷一次有什么难呢？杨国忠（唐玄宗晚期的宰相）为唐玄宗任取国库财物，同时为自己取一点不是太正常了么？既然取国库的东西不算什么，那么抓壮丁去打仗，按自己的需要卖官……也都不算什么了。权力的强度换算为违法的烈度，于是人人都争取更大权力，以使自己可以更多、更大地“合法”地违法；而权力既然有如此大的好处，官员们也就不择手段地去追求权力了。

贪官污吏是这个体制的一部分，是它下的蛋，是它养的痈。是当权者本身造就了不守法的官吏去满足自己的需要，那么既然造就出来了，人家捎带手替自己违法，你还管得了么？到最后贪官污吏形成一套自己的运作规则，连皇帝本人也制衡不了。清末军队人人贪污，军力大为减弱，皇帝头疼不堪。为解决此问题，道光皇帝和林则徐等大臣曾雇用一批特务安插到军队中间，意图查出贪污情

为个人私利而追求权力的人，其主观能动性必然高于为公利去追求的人。他们可以为此做更大的投入，而投入越大，得到更高权力后回收得就越多。久而久之，权力必然都会被追求私利的人把持。

况。没想到这些特务后来自己也贪污，他们的特务身份成了他们索贿的利器。

三、“不稳定因素”始终都在

王世充这样的人能被防备么？每一个有“追求”的官吏，都可能成为王世充。他们进入这个体制是因为了解权力能带来的好处，进入之后就会遵循体制中潜在的规则，去为自己谋求更大的权力。官僚体制之所以能吸引人，一个原因是提供给人建设国家、改造社会的力量，另一个原因当然是能带来利益。而当权力的大小可以换算成违法的烈度，也就是等于滥用它为自己谋福利的强度时，追求更高的权力就成了一件抢手的买卖。这种情况下，为个人私利而追求权力的人，其主观能动性必然高于为公利去追求的人。他们可以为此做更大的投入，而投入越大，得到更高权力后回收得就越多。久而久之，权力必然都会被追求私利的人把持。王世充的出现，不仅是必然的，而且会是占多数的，他们之间的区别，只是段位的不同而已。

当权力等同于利益，那么夺取天下也就是为了最大的利益。历朝历代没有几个开国者仅是为了人民的利益而去争天下的。刘邦也好，李渊也好，朱元璋也好，他们争来天下的目的是为了仙福永享，子孙万代，世受皇恩，顺带着家里的鸡犬也都升天。当鸡犬被当做神仙供奉时，它们得有多清醒的头脑，才能知道自己不过只是普通鸡犬啊。由此可见，宇文化及之流，也是必然出现的。

谁都知道权力的好处，谁都想拥有最大的权力，而最大权力一直被皇帝垄断。当皇权开始失去控制力，就像一只猛兽减弱了战斗力，此时秃鹫、鬣狗当然会围拢周围虎视眈眈。薛举、梁师都等人的出现，那也是一定的。

法律规则不行，权力就成了唯一做主的东西，大官凌驾于小官，小官凌驾于平民。每一个上级都享有对下级的无限权力，因为规则由他定，对错由他说。平民成了最无话语权的人，只有遵守规则的份儿——无论是多么不合理的规则，却一点提要求的权利都没有。于是，平民也就成了最不用在意的部分，他们没有声音，即使他们发了声音也没人听。这也是隋炀帝很长时间对农民起义不屑一顾的原因。只有一种情况下平民们的声音会被重视：那就是当他们的数量达到一定程度，甚至开始体现出一定的破坏力，而被权力者认为可能会影响甚至颠覆自己的权力时。

于是人民的“聚众”就成了一种常见的现象，甚至当自己的要求并不合理的时候，只要能找到足够的人聚在一起，也能让官府满

官府害怕“暴民”，讨厌“暴民”，殊不知暴民也是他们制造出来的，和贪官污吏、官场斗争一样，是这个体制的产品。

足自己。把事情闹大造成围观也能起到“聚众”的效果，便也成了人民喜闻乐见的反抗方式。法律天天为权力弯曲，而“聚众”，是唯一让法律为无权者弯曲的机会。当人数众多的时候，他们不仅得到了勇气和力量，也得到了权力。既然权力一直以来就是换违法权的东西，那么当民众靠人数获得权力时，他们要求法律之外的东西、要求不该得到的东西时，也没什么可惊诧的了。

官府害怕“暴民”，讨厌“暴民”，殊不知暴民也是他们制造出来的，和贪官污吏、官场斗争一样，是这个体制的产品。

四、人人都可能是造反者

皇帝有破坏法律的特权，守不守他自己规定的法完全看他的自觉。事实证明，自觉的皇帝不说绝无仅有，也是凤毛麟角——白来的东西谁不用呢？！官吏们靠奋斗得来了权力，获得了破坏法律的特权。他们得到权力的过程是那么的艰苦，付出的是那么多，等终于得到权力时，想让他们不用，那又怎么可能？平民无奈的时候不得不遵守法律，而当他们通过各种方式——也许是通过向官买得，也许是通过“聚众”闹得——得到一点权力的时候，寄希望于他们只要求法律框架内的利益，那是很难的。

人人自危的社会中，人人都是潜在的反抗者；人人都知道权力好的社会中，人人都是权力的觊觎者。

于是上上下下都视法律、视规则如无物，如粪土，如敝屣，整个社会就是一个以钱换权，以暴力换权，再用权换取肆意妄为的力量的社会，无规则，无底线就成为必然。历朝历代统治者期望通过道德来自觉约束上下，从上文可以看出，这种“自觉”是多么不可得。

规则不行的社会，与丛林社会无异。从此角度来看，两千多年来的乱世与治世，其实不过是一百步和五十步的区别。有权者可以肆意妄为，权力低的人在权力高的人面前自然成为弱势，可以被任意践踏。即便你是功臣名将，在权力更高者，或拥有暂时掌握你命运的权力人面前，也一样是弱者。狄仁杰的职位比来俊臣高，那又如何？当来俊臣成为“现管”，且拥有皇帝赋予的诬陷特权时，他一样是要主动自污以免挨更多的打；西汉大将周勃被封侯爵，当他得罪了皇帝被下狱时，还要向狱吏行贿千两黄金求对方不要欺负自己。高一点点的权力，可以要了你的命，而谁的权力，都不可能比皇帝更高，在这样的情况下，有谁会是安全的呢？

臣下不安全，皇帝就安全了么？人人自危的社会中，人人都是潜在的反抗者；人人都知道权力好的社会中，人人都是权力的觊觎者。

每一个皇帝上台，都杀功臣，杀权臣，杀上一个皇帝的宠臣，戾气不足以形容他们的行为，他们更多的是害怕。他拥有着超乎一切的绝对权力，这权力是他夺取的或是碰巧获得的，不管编造出多少祥瑞，也无法证明他的合法性，因此他这份拥有只能用暴力保障。他就像一个行走于闹市的珠宝携带者，看谁都是贼。

重要事件时间表

581 年——隋文帝开皇元年——隋朝建立

601 年——隋文帝仁寿元年

605 年——隋炀帝大业元年——隋炀帝登基

609 年——隋炀帝大业五年——隋朝达到最盛

611 年——隋炀帝大业七年——起义者开始在各地出现

613 年——隋炀帝大业九年——隋炀帝第二次征高丽

杨玄感起义，失败，被族灭。

614 年——隋炀帝大业十年——隋炀帝第三次征高丽，高丽请降。

616 年——隋炀帝大业十二年——全国起义风起云涌，局势渐失控，隋炀帝赴江都避难。

617 年——隋炀帝大业十三年——李密围江都

隋恭帝义宁元年　　　李渊起兵，进长安，立代王杨侑为帝，史称隋恭帝，尊隋炀帝为太上皇。

618 年——隋炀帝大业十四年——隋炀帝被宇文化及所杀

唐高祖武德元年　　　李渊禅隋恭帝位

隋恭帝义宁二年　　　李密与宇文化及对战，将其击败，后被王世充击败，降唐，后叛，被杀。

王世充等拥越王杨侗为帝，史称皇泰主。

窦建德建夏国，称帝。

唐灭薛举、李轨。

619 年——唐高祖武德二年——窦建德杀宇文化及

王世充篡皇泰主位，建郑国，称帝。

唐灭刘武周

620 年——唐高祖武德三年——李世民击败王世充、窦建德

621 年——唐高祖武德四年——唐灭萧铣

622 年——唐高祖武德五年——杜伏威入朝

623 年——唐高祖武德六年——唐灭刘黑闼等，平定山东。

624 年——唐高祖武德七年——唐收复江南

626 年——唐高祖武德九年——玄武门之变，李世民杀太子李建成、四弟李元吉，逼李渊退位，自己即位。

唐太宗贞观元年

627 年——唐太宗贞观二年——唐灭梁师都，隋末割据势力全部解决。

参考资料

1. 唐 · 魏徵等《隋书》

2. 唐 · 李延寿等《北史》

3. 北宋 · 宋祁、欧阳修等《新唐书》

4. 后晋 · 刘昫《旧唐书》

5. 汪篯著,《汪篯隋唐史论稿》，中国社会科学出版社，1981 年。

6. 岑仲勉著,《隋唐史》，中华书局，1982 年。

7. 北宋 · 司马光等《资治通鉴》

8. 柏杨著，白话版《资治通鉴》，北岳文艺出版社，2006 年。

9. 牛致功著,《唐高祖传》，人民出版社，1998 年。

10. 齐涛著,《魏晋隋唐乡村社会研究》，山东人民出版社，1995 年。

11. 中国军事史编写组,《中国历代军事家》，解放军出版社，2004 年。

12. 宫崎市定著，杨晓钟译,《宫崎市定说隋炀帝》，陕西人民出版社，2008 年。

13. 崔瑞德著，中国社科院历史研究所译,《剑桥中国隋唐史》，中国社会科学出版社，1990 年。

从别的地方看不到的历史八卦，展现历史最生动的细节。全部来自正规史料，没有野史。

历史 MOOK 书《时拾史事》 宋燕主编 九州出版社出版

《时拾史事》微信公众号自从 2013 年 6 月上线以来，得到了广大读者的认可，已经发布了 300 多篇内容，涵盖人物、宗教、绘画、饮食、地理等方面的历史。《时拾史事》通过多种渠道每日发布，包括：微信公众号、腾讯新闻人文频道、网易云阅读历史频道、今日头条历史频道、ZAKER 人文频道、Flipboard 文化频道等，总订阅人数已经超过 20 万人。《时拾史事》从最初一个个人运营的账号，如今已经成为一个平台，聚集了热爱历史和文化的精英。

历史 MOOK 书《时拾史事》是新媒体《时拾史事》文章精选集，每年分春、夏、秋、冬四册，陆续推出 。

想看轻松有趣的历史？想了解正史中的八卦事？想知道历史中的各种稀奇古怪？关注我就对了。扫一扫二维码也可关注哦。